lonely planet

AF276411

DE CERCA
ALGARVE

Daniel James Clarke

Sumario

Puesta a punto 4

Arriba: azulejos de Loulé (p. 72).
Abajo: calle de Faro (p. 35).

DESDE ARRIBA, ANDREI NEKRASSOV/SHUTTERSTOCK ©, ANIAD/SHUTTERSTOCK ©

El viaje empieza aquí

La soleada costa meridional de Portugal destaca como destino veraniego gracias a sus sensacionales bahías, escarpadas calas e idílicos islotes. Pero el Algarve que adoro no es solo un destino playero de verano. Al adentrarse en el interior, se hallará un silencioso paisaje de senderos que serpentean entre aldeas seculares, se conocerá a viticultores que han revitalizado sus bodegas y se descubrirá el renovado orgullo por la artesanía ancestral y las celebraciones culturales. El legado del Al-Gharb árabe, que dio nombre a la región, se extiende por todo el territorio. Sin duda hay que visitar las playas, de belleza infinita, pero también reservar tiempo para una región milenaria que aguarda tras cada recodo.

Daniel James Clarke
@danflyingsolo
Daniel es un escritor de viajes británico que decidió hacer del Algarve su hogar en el 2018 tras veranear en él toda la vida.

Praia dos Estudantes (p. 136).

LO MEJOR

Playas

Ya sean arenas doradas, islotes idílicos, rocosas calas acantiladas o costas surferas, el litoral del Algarve es pródigo en *praias* (playas) paradisíacas. Bañado por el Atlántico, también es propicio para las aventuras acuáticas.

De isla en isla por el **Parque Natural da Ria Formosa,** mientras se degustan ostras y se avistan flamencos. (p. 50)

————————————

Recorrer el espectacular **Percurso dos Sete Vales Suspensos,** con bahías, acantilados, pintorescas formaciones rocosas y la cueva de Benagil, iluminada por una claraboya. (p. 104; foto arriba izda.)

————————————

Surfear en la **Costa Vicentina,** el parque natural del litoral occidental, famoso por sus grandes olas. (p. 152; foto arriba dcha.)

Bucear en el **EDP Art Reef** de Albufeira, una galería y arrecife artificial construido en una antigua central eléctrica. (p. 94)

————————————

Navegar en kayak entre altos acantilados y pequeñas bahías de **Ponta da Piedade,** el espectacular cabo de Lagos. (p. 132)

————————————

Contemplar el Atlántico en el ventoso **cabo de San Vicente,** el punto más suroccidental de Europa continental. (p. 148)

Dcha.: Praia do Camilo (p. 136).

LO MEJOR

Experiencias gastronómicas

Las *conquilhas* (coquinas) recogidas a mano, el marisco
al vapor y las ancestrales recetas de los pueblos pesqueros
protagonizan la cocina de la región, acompañada de
los revitalizados vinos y la repostería tradicional.

Asistir a una clase en una granja con vistas a Tavira para cocinar en una *cataplana,* una olla típica con forma de almeja. (p. 62)

Saborear vinos entre viñedos en una bucólica **bodega de Silves,** con veladas al atardecer o una travesía en velero por el río. (p. 120)

Devorar un **pollo piri-piri** a la brasa, la especialidad picante del Algarve, en Guia. (p. 96)

Aprender a elaborar dulces típicos, como el *doce fino* (golosinas de almendra) en la **Doçaria do Sul.** (p. 124; foto)

Embarcar en una lancha pesquera para ver cómo se recogen las almejas a mano y degustar las **ostras de la Ilha da Culatra,** en la Ria Formosa. (p. 53)

Recolectar flor de sal con una ancestral red de madera en las salinas de **Salmarim,** frente a España. (p. 70)

Dcha.: 'cataplana' tradicional.

LO MEJOR

Actividades al aire libre

El golf quizá sea el deporte más popular en el Algarve, pero con sol casi todo el año, tres cordilleras y abundantes senderos poco frecuentados, el ignoto interior de la región ofrece aventuras vivificantes y paseos tranquilos.

Recorrer a pie un largo tramo de la Via Algarviana, que atraviesa el interior, hasta **Fóia,** el pico más alto de la región. (p. 118; foto)

Contemplar a vista de pájaro el Parque Natural do Sudoeste Alentejano e Costa Vicentina en un **parapente biplaza** acompañado de un experto. (p. 153; foto dcha.)

Pasear por la calzada romana de **São Brás de Alportel** antes de subirse a un *quad* y recorrer la dehesa de alcornoques. (p. 78)

Recorrer la historia del interior en la **ruta de Masmorra,** que une la remota Mealha con el dolmen de Anta da Masmorra. (p. 77)

En primavera, emprender una ruta de varios días por el **Camino Histórico de la Rota Vicentina** entre aldeas centenarias llenas de flores silvestres. (p. 146)

Viajar en coche, a pie o en barco hasta **Alcoutim** remontando el río Guadiana, que marca la frontera con España. (p. 68)

Dcha.: Rota Vicentina (p. 146).

LO MEJOR

Museos

Es posible descubrir la historia del Algarve entre huellas fosilizadas de dinosaurios, dólmenes y menhires, ruinas romanas, fortalezas y espacios dedicados a la sardina. Hasta los pueblos más pequeños tienen museos que comparten con orgullo el patrimonio regional.

Pasear por la amurallada **Vila Adentro** de Faro, conocer la historia de la región que se relata en Sé, la catedral de la ciudad, y el Museo Municipal. (p. 37; foto)

Entender la obsesión portuguesa por la sardina en el **Museu de Portimão.** (p. 108; foto dcha.)

Visitar el **Museu de Vila do Bispo** para conocer la Prehistoria de la zona antes de admirar los menhires cercanos y las huellas fosilizadas del Cretácico Temprano. (p. 154)

Acudir a las iglesias que organizan **conciertos en Tavira** para acercarse al emotivo fado. (p. 58)

Descubrir la Era de los Descubrimientos y su papel en la trata de esclavos en el centro de interpretación de la **fortaleza de Sagres.** (p. 148)

Pasear por las **ruinas romanas de Milreu,** una antigua villa, y contemplar mosaicos bien conservados. (p. 46)

Dcha.: ruinas romanas de Milreu (p. 46).

Vestigios moriscos

Durante más de 500 años, los moros dominaron Al-Gharb, dejando un amplio legado más allá del nombre árabe de la región. Su influencia cultural y arquitectónica es patente en fortificaciones, museos y festivales.

Recorrer las murallas almenadas del **Castelo de Silves** para otear los alrededores como siglos atrás lo hicieran reyes y poetas. (p. 124)

Visitar los **Banhos Islâmicos de Loulé,** la única muestra (conocida) de baños árabes en Portugal. (p. 82)

Vivir la **Feira Medieval** de agosto, cuando la *adhan* (llamada a la oración), las calles con aspecto de zoco y los artistas disfrazados transportan a Silves al pasado. (p. 126; foto)

Admirar el Jarrón de Tavira (s. XI), una vasija de arcilla decorada con figuras, en el **Núcleo Museológico Islâmico.** (p. 62)

Subir las empinadas y estrechas calles de Aljezur hasta el **Castelo** del s. X antes de conducir hasta la cercana Ribat da Atalaia, una fortaleza islámica en ruinas sobre un acantilado. (p. 155)

Descender a un aljibe almohade de 18 m en el **Museu Municipal de Arqueología de Silves,** que custodia un acervo de objetos moriscos. (p. 125; foto)

Artesanía tradicional

Muchas técnicas y artesanías tradicionales corren peligro de desaparecer mientras los pueblos abandonan las tradiciones para dedicarse al turismo. Para apoyar las que sobreviven, se puede visitar un estudio, hacer un taller o comprar algún objeto.

Observar las **técnicas ancestrales** en la red de talleres de artesanía de Loulé y asistir a una clase para martillar una *cataplana* o tejer una cesta. (p. 76)

Pintar un azulejo en Ferragudo y conocer la historia de estos ladrillos vidriados pintados a mano que adornan los edificios del país. (p. 108)

Participar en un **taller de cerámica** en el verde interior de la Costa Vicentina. (p. 154)

Aprender todo sobre el corcho, una de las mayores exportaciones de Portugal, **visitando una fábrica.** (p. 79)

Comprar cerámica tradicional en los dos famosos estudios de **cerámica de Porches.** (p. 109)

Descubrir el lado más actual del Algarve en una **ruta de arte callejero** por los murales de Lagos y participar en un taller en el creativo LAC. (p. 139)

Cerámica, Loulé (p. 73).

AMNAT30/SHUTTERSTOCK ©

Caldas de Monchique (p. 118).

LO MEJOR

Pueblos y aldeas

Más allá de los complejos turísticos, la vida se desarrolla en torno a los mercados, las comunidades del interior se aferran a las celebraciones y las aldeas encaladas, antaño abandonadas, se están rehabilitando. Si se sale de lo convencional se descubrirá un Algarve más lento y perdurable.

Descubrir a los pescadores que siguen descargando sus capturas en **Ferragudo** y recorrer sus calles de adoquines tapizadas de buganvillas. (p. 108)

Explorar el paisaje de naranjos, *fontes* (arroyos) y cascadas de Alte antes de recorrer las aldeas de la **Serra do Caldeirão.** (p. 80)

Almorzar o hacer noche en **Aldeia da Pedralva,** una aldea casi abandonada que ha resurgido como un extenso hotel financiado por la comunidad. (p. 155)

Disfrutar del marisco y de los remolinos de arena de **Cacela Velha,** una diminuta aldea adoquinada en un acantilado. (p. 65)

Conocer a los vecinos del minúsculo **Marmelete,** que elaboran el *medronho,* el fogoso aguardiente del Algarve. (p. 126)

Acudir a un balneario o relajarse en el montañés **Caldas de Monchique,** apreciado por sus manantiales termales desde la época romana. (p. 118)

Lo mejor
para niños

Pasar el día en **Slide & Splash,** un parque acuático para todos en Lagoa, con piscinas infantiles, toboganes para los más intrépidos y espectáculos. (p. 110)

Navegar en una lancha neumática para **avistar delfines** en una excursión guiada por biólogos marinos tras la barrera de islas de Faro. (p. 41)

Remar en las aguas cristalinas de la **Praia da Salema** antes de buscar huellas fosilizadas de dinosaurios en el extremo oeste de la playa. (p. 151)

Castillos y esculturas de arena alternan en **SandCity,** donde se modelan en arena monumentos del mundo y personajes famosos que se renuevan cada año. (p. 110)

Caminar por los puentes de madera en los humedales de agua dulce de la **Lagoa dos Salgados** en busca de flamencos y otras aves desde los miradores. (p. 97)

Lo mejor
gratis

Nadar, tomar el sol y disfrutar de las vistas en playas galardonadas como la Praia da Marinha, en Lagoa, o la extensa **Praia da Falésia,** en Albufeira. (p. 90)

Recorrer el **sendero Pontal da Carrapateira,** un museo al aire libre, hasta las arenas cubiertas de dunas, las ruinas árabes y el diminuto núcleo pesquero de la costa oeste. (p. 153)

Visitar el **mercado municipal de Loulé** y los talleres para ver trabajar a los artesanos y conocer su patrimonio artesanal. (p. 83)

Cruzar el puente colgante de madera de **Passadiços Barranco do Demo** (1 km) y descender al verde valle para hacer un pícnic. (p. 118)

Pasear por el puerto deportivo de Vilamoura y visitar el esmerado **Museo de Historia de Quarteira,** que revela cómo ha cambiado la región en los últimos 6000 años. (p. 96)

PUESTA A PUNTO IMPRESCINDIBLES

Siete días perfectos

La infinidad de calas y las pequeñas ciudades asequibles a pie permiten combinar en un mismo día playa y visitas turísticas. Hay que planificar de forma flexible, incluyendo escapadas a la playa, almuerzos o excursiones en barco.

Delfines.

DOS DÍAS

Una escapada

DÍA 1

En una visita relámpago, no hay que ir muy lejos. Se pasan dos días en **Faro** (foto arriba; p. 35) combinando cultura y costa. Por la mañana, se recorre la **muralla medieval** (p. 38), la **monumental catedral** (p. 37) y el **Museu Municipal** (p. 40). Después de comer, se visitan el **Palácio de Estoi** y las **ruinas romanas** (p. 46) o se reserva (solo laborables) una cata de vinos en **Vinhas de Nexe** (p. 42). Para cenar, nada mejor que un restaurante de fados.

DÍA 2

Se empieza con una excursión para **avistar delfines** (p. 41), seguida de una tarde playera en la solitaria **Ilha Deserta** (p. 40). De vuelta a Faro, se **disfruta de un cóctel** al atardecer al ritmo del *jazz* (p. 45) antes de compartir una **'cataplana'** de marisco (p. 41).

SIETE DÍAS

Lo más destacado sin coche

DÍA 2

Tras un día en **Faro** (foto izda.), se toma un tren al oeste hasta **Silves** (dos noches; p. 115), donde se visitan el **castillo morisco** (p. 124) y el museo arqueológico. La tarde se pasa en una bodega con cata (p. 123) o en un **taller de elaboración de dulces** (p. 124).

DÍA 3

A primera hora, se toma un autobús o un taxi para recorrer el **Percurso dos Sete Vales Suspensos** (p. 104), lleno de playas y acantilados; si se madruga, se puede visitar en kayak la apacible **cueva de Benagil** (p. 104). Por la tarde, se aprende a hacer azulejos en la bonita **Ferragudo** (foto arriba centro; p. 108).

DÍA 4

Un tren a **Lagos** (dos noches; p. 129) permite explorar su casco antiguo (p. 134) de día, recorrer el puente de madera hasta **Ponta da Piedade** (p. 132) por la tarde, y saborear marisco y cerveza artesanal al anochecer.

DÍA 5

En las **playas a los pies de los acantilados** (p. 136) de Lagos se puede practicar surf o kayak. Por la tarde, un autobús a **Sagres** (p. 143) permite visitar la **fortaleza** (p. 148) y el **cabo de San Vicente** (p. 148), el punto más suroccidental de la Europa continental.

DÍA 6

Un tren al este lleva a **Olhão** (p. 48), donde hay que guardar las maletas y deambular por los tradicionales barrios de pescadores. Después, se exploran las salinas, los humedales y las idílicas islas del **Parque Natural da Ria Formosa** (foto arriba dcha.; p. 50).

DÍA 7

Si se dispone de tiempo, un buen plan es una mañana en la plácida **Tavira** (p. 55) antes de regresar al aeropuerto.

CINCO DÍAS

Viaje por el este y el interior

DÍA 1

Desde el aeropuerto, se va directamente a **Loulé** (p. 73; foto arriba izda.). Se pueden comprar pasteles en el neomudéjar **mercado municipal** (p. 83) antes de recorrer la red de **talleres artesanos** (p. 76). Después de comer, el plan es visitar los **pueblos** (p. 80) del interior.

DÍA 2

La mañana transcurre en **São Brás de Alportel** (p. 78) descubriendo el Algarve de antaño en los museos del traje, del corcho o de la calzada romana. Luego, un rodeo por las pintorescas carreteras rurales lleva a **Alcoutim** (p. 71), una ciudad fronteriza con España antiguamente dedicada al contrabando.

DÍA 3

Una rápida travesía en kayak a España permite descender por el **río Guadiana** (p. 68) con paradas en pequeños museos, una fortaleza medieval, las salinas y la reconstruida Vila Real de Santo António en **Castro Marim** (p. 69). Por la N125 se llega al pequeño acantilado de **Cacela Velha** (foto arriba dcha.; p. 65) para degustar ostras frescas y disfrutar de la soberbia vista de camino a **Tavira** (dos noches; p. 55).

DÍA 4

El **mercado** (p. 61) proporciona desayuno y provisiones para un pícnic para una mañana de sol en **Ilha de Tavira** (p. 63). Por la tarde, se puede asistir a un **concierto de fado en la iglesia** (p. 61), pasear por las calles encaladas y terminar el día **cocinando una 'cataplana'** (caldereta; p. 62) en una granja.

DÍA 5

Por la mañana, se visita la fábrica **Monterosa Olive Oil** (p. 64) y después de comer, se ven las **ruinas romanas de Estoi** (p. 46) antes de devolver el coche. O también se puede pasar un último día sin coche en Faro.

Con más tiempo

En medio día se recorre **Portimão** (p. 106), la segunda ciudad del Algarve obsesionada con la sardina. Se puede **visitar una 'conserveira'** (conservera; p. 108), saborear sardinas asadas y acercarse al excelente **Museu de Portimão** (p. 108).

Una jornada permite conocer la sierra más alta de la región, la **Serra de Monchique** (p. 118). Se sale de **Fóia** (p. 118), el punto más alto del Algarve, con vistas de las montañas y el océano. Con unas buenas botas de montaña, se emprende el tramo más duro de la **Via Algarviana** (p. 82), o se realiza un circuito en coche para **conocer a los artesanos de la montaña** (p. 80), visitar a los **aldeanos que destilan aguardiente** (p. 126) o relajarse en los manantiales **termales** (p. 118).

Dos días dan para sumergirse en el relajado estilo de vida de la **Costa Vicentina** (p. 143): cabalgar olas en un **campamento de surf** (p. 152); aprender a volar en parapente; adentrarse por caminos de tierra hasta **recónditas costas** (p. 153) ventosas; o abordar parte de la **Rota Vicentina** (p. 146) de varios días, posiblemente el paseo costero más impresionante de Portugal.

Serra de Monchique (p. 118).

Prepararse

ANTES DE PARTIR

Tres meses antes Reservar los **festivales playeros** (p. 24), restaurantes Michelin, como Vila Joya, y alojamientos (sobre todo en verano/destinos populares).

Un mes antes Reservar talleres de artesanía o clases de cocina, viajes en barco, excursiones o guías. Confirmar el alquiler del coche.

Dos semanas antes Reservar en restaurantes populares, **visitas a bodegas** y descuentos en billetes de tren o autobús interurbano si se llega a Lisboa.

Costumbres

Hay que aprender algunas palabras en lugar de confiar en la similitud con el español. Besar en ambas mejillas es típico entre mujeres o entre un hombre y una mujer. Fuera de la playa hay que cubrirse y recordar que las ciudades, aunque turísticas, son lugares donde vive la gente. Evítese el café para llevar: es mejor sentarse para tomarlo. Las iglesias no deben visitarse durante la misa. Las embarazadas y las familias con niños tienen prioridad en las colas.

Horarios de apertura

El Algarve es muy turístico, con numerosos negocios familiares. Algunos cierran un mes o más en invierno y no actualizan los horarios en la web. Muchos restaurantes hacen pausas por la tarde, y los museos y atracciones cierran al mediodía, los fines de semana y los lunes, por lo que se debe telefonear antes para confirmar; las pequeñas empresas no suelen responder a los correos electrónicos.

Información útil

Dinero Siempre se debe llevar efectivo. Muchos restaurantes, museos y transportes no aceptan tarjetas. Los cajeros automáticos multibanco (llamados MB) cobran menos comisión que los cajeros internacionales.

Estafas en aparcamientos En los aparcamientos de pago (en efectivo o a través de una aplicación), a veces hay falsos vigilantes que marcan plazas o revenden billetes usados. Hay que declinar y buscar otra plaza.

Eventos Para eventos culturales y musicales, además de visitalgarve.pt, se recomiendan cultugarve.com y shotgun.live.

Geografía La costa se denomina *sotavento* (este) y *barlavento* ("barlovento", oeste). En el interior, el barrocal es la región media, más llana, y la serra las sierras. Distrito de Faro es el nombre oficial del Algarve.

PROPINAS

Las propinas no son obligatorias, ni se esperan. La costumbre local es dejar 1-2 €
en la mesa en los restaurantes. El porcentaje que aparece en la parte inferior de
las facturas es el IVA (ya incluido en los precios), no un cargo por servicio.

Restaurantes
Por un buen
servicio

Cafés y bares
Con servicio
de mesa

Taxis
Redondeo al
siguiente euro

Guías turísticos
Grupo/privado

PRESUPUESTO DIARIO

Económico Menos de 125 €

- Dormitorio en albergue en la costa: **25-40 €**
- Pollo piri-piri y cerveza: **12 €**
- Ferri i/v a las islas: **5 €**
- Entrada a un museo o atracción: **2 €**

Medio Entre 125-250 €

- Hotel-*boutique* sencillo: **80-160 €**
- *Cataplana* de marisco para dos con vino:
  30 € por persona
- Alquiler de coche diario: **30 €**
- Alquiler de sombrilla y tumbona: **15 €**

Alto Más de 250 €

- Hotel de 4-5 estrellas o villa de lujo:
  160-300 € o más
- Menú degustación con maridaje de vinos:
  90 € o más
- Excursión en barco para avistar delfines: **50 €**
- Taller creativo o clase de cocina: **50-100 €**

Moneda
Euro (€)

Idioma
Portugués

Hora local
GMT/UTC
(+1 h en verano)

INFORMACIÓN SOBRE PLAYAS

Para buscar playas cercanas, comprobar las instalaciones y la
calidad del agua, y ver el índice de ocupación en temporada, se
puede utilizar **InfoPraia** (*infopraia.apambiente.pt;* o la *app*). **MEO**
(*beachcam.meo.pt*) muestra algunas cámaras de playas en directo.

📅 Cuándo ir

El Algarve es ideal para disfrutar del sol en verano, pero cada estación tiene su encanto, desde el surf hasta las flores silvestres de primavera y la vendimia en otoño.

El año comienza pausado y con precios asequibles; muchos negocios turísticos hibernan en enero. Febrero se anima con los almendros en flor y los carnavales. En primavera, las flores silvestres proliferan en los senderos, se divisan ballenas jorobadas, llega la Semana Santa y parten las aves migratorias.

El verano trae consigo una escalada de temperaturas, precios, festivales y aglomeraciones, aunque siempre hay rincones tranquilos. Otoño brinda un clima propicio para el senderismo, un oleaje creciente, la vendimia y observación de aves. El invierno suele ofrecer uno de los climas más cálidos de Europa, ofertas en los complejos turísticos e incluso una Navidad al aire libre.

Grandes eventos

Febrero-abril Las celebraciones de Semana Santa arrancan con el carnaval. Las fechas dependen de la Cuaresma, pero la fiesta grande es el **carnaval de Loulé** (p. 83). El Domingo de Resurrección es más sobrio, aunque destacan la procesión de la **Festa da Mãe Soberana** (p. 83) y la **Festa das Tochas Floridas** (p. 84) de São Bras de Alportel.

Junio El inicio del verano se celebra con fiestas por doquier. En el Algarve destaca la Black & White Night de Carvoeiro, cuando miles de personas acuden a la playa para disfrutar de DJ, grupos musicales y bares improvisados. Comienzan el Festival MED de Loulé y los megafestivales de Praia da Rocha, como el Afro Nation.

Clima

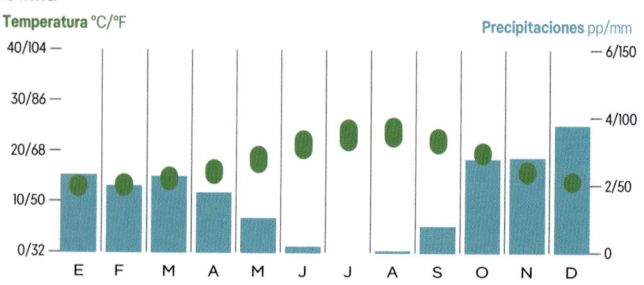

Temperatura °C/°F

Precipitaciones pp/mm

40/104 — — 6/150

30/86 — — 4/100

20/68 — — 2/50

10/50 —

0/32 — — 0

E F M A M J J A S O N D

Carnaval de Loulé (p. 83).

Agosto El verano se centra en el marisco, con festivales gastronómicos amenizados por música en vivo, como el **Festival do Marisco de Olhão** (p. 53) y el **Festival de la Sardina de Portimão** (p. 111). Las **ferias medievales** (p. 126) de Castro Marim y Silves, con trajes tradicionales, música, justas y zocos con productos típicos permiten adentrarse en la historia árabe.

Festivales locales y curiosos

Febrero El pueblo de Alta Mora despierta con el anual **Festival del Almendro en Flor del Algarve** (p. 65), con paseos florales y una enorme tarta de almendras. El Festival Al-Mutamid, de ámbito regional, revive la música árabe.

Marzo o abril Alcoutim celebra cada dos años el **Festival do Con-** trabando (p. 71) con un puente flotante que enlaza con España, funcionarios de aduanas y mucha diversión.

Septiembre Con la **vendimia,** se aconseja visitar una bodega y degustar buen vino.

Octubre Todas las miradas se dirigen a la costa oeste y su **Festival de Observación de Aves de Sagres** (p. 152) y, en noviembre, el Festival de la Batata de Aljezur.

Alojamiento de temporada

Los precios se desploman en noviembre, enero y febrero, a veces hasta un 75% respecto a julio y agosto. Los descuentos de primavera y otoño son menores, pero ofrecen la mejor relación calidad-precio. Los precios se disparan en verano y en Semana Santa.

25

✈ Cómo llegar

La mayoría de los turistas europeos (y los contados americanos) llegan al aeropuerto internacional Gago Coutinho de Faro, célebre por las largas colas de llegadas de la zona no Schengen en verano. Desde España, lo usual es llegar en automóvil, vía Salamanca, Cáceres, Badajoz o Huelva.

Desde el aeropuerto

En taxi, VTC o servicio de traslado

Los taxis (al salir, girando a la derecha) y las *app* de viajes compartidos, como Uber y Bolt (recogida cerca de la parada de autobús), abundan y llegan al centro de Faro en 15 min. Los coches compartidos son más baratos (desde 5 €), pues los taxis cobran por el equipaje.

Para llegar a los complejos más alejados es más barato un coche privado o el autobús.

En transporte público vía Faro

El autobús regular nº 16 de Próximo (al salir, girando a la izquierda) llega en 20 min al centro de Faro (2,70 €, efectivo o con tarjeta a bordo), donde se enlaza con los buses o trenes regionales.

En Aerobus

El Aerobus nº 56 de Vamus conecta el aeropuerto de Faro con Albufeira (10 €, 40 min), Lagoa, Portimão (13 €, 1¼ h) y Lagos (16 €, 2 h) cada 2 h aprox. de día (reducido en invierno).

Los billetes se compran en la máquina de la parada, en línea o por la *app;* el bono turístico Vamus incluye ida y vuelta. Las *app* de mapas recomiendan Rede Expressos, pero estos son para viajes de larga distancia, no dentro del Algarve.

Desde otros aeropuertos

Lisboa

Los trenes regulares Alfa Pendular e interurbanos (23,55 € por trayecto) enlazan Lisboa y Faro en 3-3½ h; para ir al Algarve occidental hay que cambiar en Tunes. Para estancias en Albufeira, Portimão o Lagos, los autobuses de Rede Expressos (rede-expressos.pt; descuentos en reservas anticipadas) son más rápidos, directos y baratos. El billete incluye enlace gratuito con el autobús Vamus.

Desde Sevilla

Rede Expressos/Alsa y FlixBus operan varias conexiones diarias desde el centro de Sevilla. Hay 2 h a Tavira (desde 21 €) o 5 h a Lagos. No hay trenes directos desde España.

Cómo desplazarse

Los asequibles trenes del Algarve y la red regional de autobuses Vamus conectan las principales localidades turísticas de la costa sur. En el interior, los autobuses son menos frecuentes, y de noche el transporte es limitado. Alquilar un coche facilita el acceso a senderos rurales, pueblos y playas remotas.

A pie

En las ciudades, las distancias son reducidas, así que caminar es la mejor opción. Numerosos senderos atraviesan las montañas del interior y los acantilados costeros.

Tren

Los trenes CP (cp.pt) son el medio más rápido en la costa meridional, aunque algunas estaciones, como las de Albufeira y Loulé, están lejos de las zonas turísticas. La línea regional, en fase de modernización, posee vagones viejos y destartalados entre Vila Real de Santo António y Lagos, que a veces obligan a hacer transbordo en Faro. Los trenes son altos, con escaleras; pocas estaciones son accesibles. Hay frecuentes huelgas; consúltense los avisos en línea.

Autobús

Vamus (vamusalgarve.pt) gestiona la red integrada de autobuses del Algarve hasta la mayoría de localidades. Los servicios del interior son de cercanías y a menudo solo funcionan los laborables. Los servicios nocturnos son muy escasos y solo en las principales ciudades, con red de autobuses propia. Los

ULDISZILE/SHUTTERSTOCK ©

——— **'APP' ESENCIAL** ———
Descárguese la aplicación Vamus
para recargar un código QR de prepago
con descuentos.

vagones de Vamus son altos y poco accesibles; los servicios urbanos disponen de rampas. Hay que evitar el Aerobus nº 56 (más caro) si no se va al aeropuerto.

Automóvil

Un coche permite explorar con libertad, sobre todo el interior y la costa oeste. Hay pocas carreteras costeras; las principales vías de la región son la N125, con límites de velocidad variables, y la autopista A22 (los peajes finalizarán previsiblemente en el 2025). El GPS ofrece una duración muy optimista de los trayectos en el interior y los aparcamientos de la costa se llenan rápido en verano. Se aconseja aparcar a las afueras de los pueblos para evitar calles estrechas, o en las afueras de las ciudades, a menudo peatonales.

Taxi

Los taxis y los VTC, como Uber y Bolt, abundan en las playas y ciudades costeras, no tanto en el interior.

Bicicleta

Los nuevos carriles-bici señalizados, los paseos marítimos y las rutas interregionales han disparado la popularidad del ciclismo. Casi todas las grandes ciudades tienen, al menos, una empresa de alquiler de bicis de carretera y eléctricas. Las bicis se pueden transportar en tren; los autobuses de Vamus solo las admiten plegadas en el maletero.

Ferris y barcos

Los frecuentes ferris, asequibles y sin reserva, conectan la mayoría de las islas de la Ria Formosa todo el año, además de los taxis acuáticos y los circuitos en barco.

Información práctica

Abonos

El **abono turístico de CP** para el Algarve, de venta en las taquillas, cuesta (adultos/niños) 21,90 €/ 15,90 € para dos días y 32,90 €/ 23,90 € para tres.

El **abono turístico de Vamus** (incluye el Aerobus) cuesta 35 € para tres días y 46 € para siete; se vende en línea o en la *app*. Las redes de autobuses urbanos ofrecen otras opciones. Antes de comprar un abono, conviene comparar precios de billetes sencillos y de prepago.

Billetes y descuentos de prepago

Los trenes y autobuses son de clase única, sin tarifas máximas, ni reservas previas (pero raramente se llenan). El billete de ida y vuelta *(volta)* no supone ningún ahorro respecto al sencillo *(ida)*.

Trenes

En las estaciones con personal, hay que comprar los billetes antes de subir. En el resto, se compran a bordo, pagando en efectivo al revisor. Se puede pagar con tarjeta en línea o en la app de CP; la venta digital finaliza 15 min antes de la salida.

Autobuses

En las principales estaciones (terminal *rodoviário*), los billetes se venden en el mostrador cuando está abierto; ya se están instalando máquinas expendedoras. En los demás casos, hay que pagar en efectivo a bordo. Algunos billetes de rutas importantes se venden por internet. Sin embargo, lo más fácil y asequible es pagar por adelantado *(pré-pago)* a través de la *app* Vamus. Hay que crear una cuenta, añadir fondos y, al embarcar, indicar el destino y escanear el código QR; el ahorro se acumula pronto, con descuentos hasta el 40%. La *app* también sirve para los autobuses locales integrados (no para el Próximo de Faro).

PRECIOS

Autobús n° 52 en verano
abono de día 10 €

Alquiler de bicicleta
15-25 €/día

Alquiler de automóvil
10-40 €/24 h (con seguro básico)

--- **IMPAGO ACCIDENTAL DEL BILLETE** ---

Pagar a bordo (solo efectivo) en los trenes regionales solo se permite cuando se aborda en las estaciones sin personal.

BILLETES
Precios de billetes de tarifa completa, no prepagados; duración media.

	Tren	Autobús
De Faro a Albufeira	3,65 € (35 min)	5,80 € (1¼ h)
De Faro a Portimão	6,55 € (1 h 25 min)	6,90 € (2 h)
De Faro a Lagos	7,95 € (1 h 50 min)	6,90 € (2½ h)
De Faro a Vila Real de Santo António	5,65 € (1 h 10 min)	6,90 € (1 h 55 min)

EMPRESAS DE AUTOBUSES URBANOS

*Todos los precios son para una zona.

Faro (Próximo) 1,30 €

Albufeira (Giro) 2 €

Portimão (Vai e Vem) 1,60 €

Lagos (Onda) 1,20 €

Otra cara del Algarve

Influencias islámicas, chimeneas emblemáticas, arte en lugares insólitos y carros tirados por burros.

Arte callejero inesperado

Una explosión de arte callejero ha inundado el blanco Algarve en los últimos años. Desde las cajas de electricidad pintadas y el arte de la basura reciclada del portugués Bordalo II en **Alcoutim** y **Praia de Faro,** hasta la galería submarina **EDP Art Reef** de Albufeira, el arte urbano está de moda. Sin embargo, el empedrado original del país, la *calçada portuguesa,* aún brilla con luz propia. Estos adoquines de basalto negro y piedra caliza blanca, pulidos y con dibujos, se impusieron durante la reconstrucción posterior al **terremoto de 1755** (p. 136). Los ejemplos más bellos se encuentran en **Faro Baixa** (p. 39). Igual de deslumbrantes son los azulejos llegados en época árabe, que se popularizaron en paredes y viviendas en el s. XVI.

Elegantes chimeneas

Las características chimeneas del Algarve *(chaminé algarvia)* se atribuyen erróneamente a los árabes. Sin embargo, estas torres ornamentales con diseños elaborados, hicieron su aparición a finales del s. XVII. Cuanto más intrincado era el diseño, más se prolongaba su construcción, y el número de chimeneas del tejado denotaba la riqueza de los habitantes de la casa. En **Estoi** (p. 46) y **Porches** (p. 109) se conservan buenos ejemplos.

Burros

Antes de incorporarse a la A22, las señales azules advierten qué vehículos no pueden circular por las autopistas, incluidos los carros tirados por burros. Durante mucho tiempo, estos animales formaron parte de las tareas agrícolas tradicionales; se puede congeniar con ellos en un **paseo en burro** (p. 154).

FUERA DE RUTA

Cruzar la frontera fluvial entre España y Portugal en kayak, tirolina o por el "puente del contrabando" en **Alcoutim** (p. 71).

Admirar una inesperada **estupa budista** (p. 81) con banderas de oración en la remota Serra do Caldeirão.

Avistar flamencos en las salinas cerca de Olhão y flotar en el **Mar Morto** (p. 53).

Cambiar el fado por el acordeón tradicional en el **museo** (p. 96) dedicado a este instrumento.

Chimenea en el Algarve.

Burro.

Explora el Algarve

Merece la pena

Circuitos por el Algarve

Calle de Faro (p. 35).
ANIAD/SHUTTERSTOCK ©

Sugerencias de lugares para comer, beber y comprar en **p. 44**

Explora
Faro

Floreció como la Ossónoba romana, fue como el último bastión árabe, reconquistado por el rey Afonso III en 1249, y eso por no hablar de los fenicios, los saqueos, los terremotos o los tsunamis. A Faro le sobran credenciales históricas, pero sin centros turísticos destacables ni playas –aunque las islas estén a corta distancia en ferri–, la mayoría de los turistas sedientos de sol ignoraron la capital regional durante décadas. Sin embargo, en los últimos años, Faro se ha consolidado como destino vacacional con creativas asociaciones culturales, restaurantes de categoría, animados bares en el puerto deportivo, viñedos y museos renovados que complementan su magnífica catedral y su bonita *cidade velha*.

Cómo desplazarse

 A pie

El casco antiguo de Faro es en su mayor parte peatonal, llano y reducido, pese a ser la capital.

 **Autobús**

Próximo es la principal compañía de Faro (vehículos con rampas de acceso). Ofrece varias líneas urbanas y una a la playa (línea n° 16, 2,70 €, efectivo o tarjeta a bordo), a la que también se llega en ferri. La terminal está junto a la estación principal, donde operan los autobuses regionales de Vamus y los de largo recorrido.

 Tren

La estación de trenes de Faro, cerca de la de autobuses, es la mejor opción para excursiones de un día a Olhão, Tavira o Lagos.

Faro.
MARIAJUAREZ/SHUTTERSTOCK ©

LO MEJOR

MUSEO
Museu Municipal (p. 40)

MONUMENTO
Sé (p. 37)

ESCAPADA PLAYERA
Ilha Deserta (p. 40)

ACTUACIÓN
Fado na Igreja (p. 42)

EXCURSIÓN EN BARCO
Avistamiento de delfines (p. 41)

Faro
(7 km)

R Aboim Ascenção

Igreja de Nossa
Senhora do Carmo
y Capela dos Ossos

R de Louté

R Infante Dom Henrique

R da Atalaia

Lg do
Carmo

Lg do
Estação

Estación
de trenes

R Teófilo Braga

R do Compromisso

Lg de
São Pedro

R de São Pedro

Teatro
Lethes

R Francisco Barreto

R da Barqueta

R do Forno

Av da República

Pç Ferreira
de Almeida

Museu
Regional
do Algarve

Parque Natural
da Ria Formosa

Pç Dom
Francisco
Gomes

R de Santo António

Puerto

Jardim
Manuel
Bivar

Igreja da
Misericórdia

R Alexandre
Herculano

Ocean
Vibes

R da Misericórdia

Centro
Ciência Viva
do Algarve

CIDADE
VELHA

Igreja
de São
Francisco

R Comandante
Francisco Manuel

Faro
Story Spot

Sé

Museu Municipal

Cais das Portas do Mar

Ilha da Barreta

Restaurante
O Castelo

Lg do
Castelo

Lg de
São
Francisco

Más información

Imprescindible ⚙ p. 37
Experiencias ⭐ p. 40
Comer 🍴 p. 44
Beber 💧 p. 45
Comprar 🛍 p. 45

Ilha da Culatra

36

★ **IMPRESCINDIBLE**

Sé, la catedral de Faro

En el centro de Faro, la Sé, oficialmente Igreja de Santa Maria, tiene su historia. Ocupa el lugar de un templo romano, posteriormente convertido en mezquita, hasta que, en 1251, dos años después de la Reconquista, comenzaran las reformas para la actual catedral. La entrada da acceso al templo, el museo, el campanario y el osario.

Catedral

PLANO: **C5**

Desde la gran reforma del s. xv, la catedral ha sufrido, entre otros, un devastador incendio provocado por un ataque inglés y dos terremotos. El resultado es una amalgama de estilos: renacentista, gótico, manierista y barroco. El retablo dorado del s. xviii es impresionante, pero también lo son la docena de capillas, en especial la barroca de Nuestra Señora del Placer, en mármol y estuco. En la entrada se facilita un folleto con información. El acceso ha mejorado con la construcción de una rampa, aunque al museo y a la torre se llega por escaleras.

CONSEJO
La Sé *(adultos/ descuento 5/ 3,50 €)* abre todo el año *(10.00-17.30 lu-vi, 9.30-15.30 sa; ampliado en verano)*. La visita dura, al menos, 1 h.

Museo Capitular

En el Museo Capitular de la primera planta se puede ver de cerca el órgano de principios del s. xviii y disfrutar del arte sacro de las salas capitulares, las esculturas y los cálices de la colección de la diócesis del Algarve.

Campanario y osario

La subida al campanario, que conserva su base original del s. xiii, es estrecha, pero corta. Desde lo alto se divisan Vila Adentro y las islas de la Ria Formosa. También se puede explorar el claustro, con un pequeño osario y un espacio para exposiciones temporales.

CIRCUITO A PIE

Los barrios de la Cidade Velha de Faro

La Cidade Velha de Faro está formada por tres barrios: la amurallada Vila Adentro, la Mouraria (la antigua morería) y, al oeste, el Bairro Ribeirinho (barrio de pescadores), que se pueden recorrer en un agradable paseo.

INICIO	FINAL	DURACIÓN
Arco da Vila	Puerto	3,6 km; 1¼ h

1 Entrada principal

Se empieza por el más impresionante acceso a Vila Adentro, el **Arco da Vila,** en una fachada de diseño italiano añadida en 1812 durante la reconstrucción posterior a los terremotos. Destaca la Porta Árabe, en arco.

2 Plaza histórica

El **Largo da Sé,** una amplia plaza bordeada de naranjos y edificios históricos, es el núcleo de Vila Adentro. La pieza central es la **Sé,** la catedral, aunque el Paço Episcopal de Faro *(2,50 €),* antiguo palacio episcopal, cuya biblioteca fue saqueada por el conde de Essex en 1597, merece una visita por sus azulejos. Por las calles peatonales se llega al **Museu Municipal,** sede de un convento. Al frente se alza una estatua del rey Afonso III, responsable de la reconquista del Algarve.

3 Paseo por las murallas

Se atraviesa el **Arco do Repouso** y se gira a la izquierda para echar un vistazo al **Palacete Belmarço,** una residencia privada en tono celeste, antes de regresar para recorrer el tramo mejor conservado de las murallas. Una fábrica de cerveza en ruinas, hoy sede de la **Associação Recreativa e Cultural de Músicos,** ocupa el lugar del castillo árabe. Siguiendo las murallas por el paseo marítimo se divisan espléndidas vistas de la **Ria Formosa** (p. 50).

4 Puerto deportivo

De vuelta a la **Praça Dom Francisco Gomes,** frente al puerto deportivo, y al **Jardim Manuel Bivar,** se aprecian diferentes estilos arquitectónicos, como el de la **Igreja da Misericórdia,** del s. XVI, y el del Banco de Portugal, del s. XX, neomudéjar y con mosaicos. La plaza acoge un mercado de artesanía.

5 Preciosas calles

Se entra en la antigua Mouraria, hoy *baixa* (centro), y se recorre la **Rua de Santo António,** con casas señoriales convertidas en tiendas y alfombrada con impresionantes y coloridas *calçadas* (calzadas adoquinadas). El **Museu Regional do Algarve** se encuentra al final de la calle, pasando por el **Teatro Lethes.**

6 Iglesias y escalofríos

Al llegar al **Largo do Carmo,** se visita la **Igreja de Nossa Senhora do Carmo,** con su inquietante osario. Si está abierta, se puede curiosear el interior de la más íntima Igreja de São Pedro.

7 Antiguo barrio de pescadores

Al adentrarse en el conjunto de calles del antiguo **Bairro Ribeirinho** los edificios en ruinas con grafitis conviven con casas reformadas. Hay muchos bares para refrescarse antes de volver al puerto deportivo.

EXPERIENCIAS

Hallazgos arqueológicos de Faro
MUSEO

PLANO: **1** P. 36 **C5**

Ubicado en los claustros del antiguo Convento de Nossa Senhora da Assunção, la arquitectura del **Museu Municipal** (*cm-faro.pt; adultos/niños 2/1 €*) impresiona tanto como sus exposiciones. Se recomienda dedicar al menos 1 h a la colección, centrada sobre todo en Faro, con pinturas religiosas y objetos islámicos. Los hallazgos romanos de **Milreu** (p. 46) merecen especial atención, sobre todo el bien conservado *Mosaico del océano*. El convento se construyó en el antiguo barrio judío donde se instaló la primera imprenta de Portugal (1487) para imprimir una Biblia hebrea. Tras una serie de reformas para mejorar la accesibilidad, reabrió sus puertas en el 2024 con rampas y un ascensor *(lu cerrado)*.

Museo Regional do Algarve
MUSEO

PLANO: **2** P. 36 **D3**

El etnográfico **Museu Regional do Algarve** (*cm-faro.pt; 1,50 €, cerrado do y lu),* ilustra el patrimonio regional en varias salas espaciosas. En un revoltijo cronológico se exhiben actividades tradicionales como el tejido de la palma, la recolección del corcho y el bordado, junto a recreaciones de viviendas, atuendos ancestrales y barcos de pesca. Aunque casi todo está en portugués es un museo muy visual, que muestra aspectos de la vida tradicional apenas visibles en la costa hoy día.

Rumbo a la playa
PLAYA

Llegar a las playas de Faro cuesta un poco, pero los interminables arenales merecen la pena. La playa principal, **Praia de Faro** (PLANO: **3** P. 36 **A1)**, destila un aire isleño, aunque es, en realidad, una península. Accesible en autobús (20-30 min; hay aparcamiento al otro lado del puente, pero el principal está antes) o en ferri desde **Cais das Portas do Mar** (PLANO: **4** P. 36 **B5**; *cm-faro.pt; adultos/niños desde 2,30/1,10 € ida*), cuenta con multitud de bares, instalaciones y zonas para relajarse, aunque el cercano aeropuerto turba la paz. La entrada a la terminal del ferri tiene escalones, pero los autobuses disponen de rampas y hay una silla anfibia en el puesto de socorro en temporada.

Escapada a una isla desierta
ISLA

PLANO: **5** P. 36 **C6**

Felizmente deshabitada y agreste, la única estructura de la Ilha da Barreta es el restaurante **Estaminé** (p. 45), que funciona con energía solar y le ha valido a la isla su apodo de **Ilha Deserta.** No es necesario reservar en el restaurante para visitar la isla; solo hay que llegar (con todo lo necesario) y buscar un lugar vacío. Animaris *(ilhadeserta.com; desde 5 €),* opera ferris todo el año, y también ofrece un servicio con paradas ilimitadas *(adultos/niños, 17,50/35 €)* a otras islas del **Parque Natural da Ria Formosa** (p. 50). En verano, hay ferris públicos *(cm-faro.pt; adultos/niños desde 3,50/2 € ida)* a la **Ilha da Culatra** (p. 51).

Itinerario ornitológico SENDERO

La avifauna abunda en la laguna de la Praia de Faro. Coloridas abubillas euroasiáticas de pico largo, flamencos y, con suerte, la rara gallineta morada son posibles avistamientos estacionales desde las pasarelas de madera de **Passadiços de Loulé** (PLANO: ⑥ P. 36 AI; *passadicosloulelitoral.pt*), un sendero lineal de 4,9 km que comienza en Vale de Lobo, pero al que se accede también desde el complejo turístico de **Quinta do Lago** (véase ⑥) o a través de la pista de tierra que prolonga el Sendero de Ludo (se entra cerca del coche grande de la Praia de Faro). Para realizar una ruta circular volviendo por la playa, se debe cruzar el puente de Quinta do Lago.

Avistar cetáceos en libertad EXCURSIÓN EN BARCO

PLANO: ⑦ P. 36 **B4**

Las manadas de delfines retozan en el azul profundo más allá de las islas barrera de la Ria Formosa y, en los últimos años, cada vez se ven más orcas y ballenas. Del puerto deportivo salen barcos en busca de cetáceos. **Ocean Vibes** *(oceanvibesalgarve.com; 50 €),* dirigido por biólogos marinos, es uno de los operadores más sensibilizados; organiza salidas de 3 h en una embarcación neumática rígida. Aunque los avistamientos nunca están garantizados, las posibilidades son altas todo el año; las especies concretas (delfines comunes, listados o mulares) dependen de la estación. Marzo y abril son ideales para ver ballenas migratorias, mientras que agosto atrae a los tiburones martillo. Otros operadores ofrecen excursiones alternativas en barco (p. ej. a la Ria Formosa).

 **LA 'CATAPLANA'**

La *cataplana* (caldereta de marisco) es el plato más característico del Algarve. Sin embargo, el término se refiere a la olla hermética con forma de almeja que sirve para cocer al vapor lentamente diversos platos, sobre todo a base de tomate, cebolla, pimiento y hierbas. El más popular de ellos es la *cataplana* de marisco. Aunque no hay registros históricos, se cree que los árabes introdujeron este utensilio debido a las similitudes del método de cocción con el tayín marroquí. Las *cataplanas* más prestigiosas se fabrican a mano con cobre, aunque las versiones modernas están recubiertas de estaño o acero inoxidable para evitar toxinas. El tiempo de espera para una *cataplana* es, al menos, de 30 min.

Saborear vinos entre viñedos
VIÑA

PLANO: **8** P. 36 **C1**

Vinhas de Nexe (*vinhasdenexe. com; desde 28 €*) está a solo 15 min en taxi del centro. Con una primera producción en el 2022, el viñedo es uno de los más jóvenes del Algarve, y las visitas de Mónica (90 min) discurren por las viñas antes de la cata de vinos maridados con tapas, que incluye la principal uva portuguesa, la touriga. Las visitas privadas entre semana deben reservarse con 48 h de antelación.

Espacios sagrados tenebrosos y solemnes
IGLESIAS

En Faro no faltan lugares de culto históricos, aunque tienen horarios variables y poder asomarse al interior depende de la suerte. La **Igreja de Nossa Senhora do Carmo** (PLANO: **9** P. 36 **C2**; *2 €*), del s. XVIII y con dos torres frontales, tiene un horario de visita regular, salvo la misa dominical. En el interior, la decoración dorada es fascinante,

pero es la espeluznante Capela dos Ossos, con más de un millar de cráneos y huesos exhumados de monjes carmelitas incrustados en las paredes, la que más impresiona. También merece la pena visitar la **Igreja de São Francisco** (PLANO: **10** P. 36 **D5**) por su fabuloso interior dorado y los azulejos azules y blancos que narran la vida de san Francisco.

Enamorarse del fado
CONCIERTOS

El fado, melancólico género musical portugués acompañado de guitarra, procede de los barrios obreros de Lisboa, la capital. Se puede escuchar en los conciertos de **Fado na Igreja** (*facebook.com/ fadonaigreja; mi-vi tardes, 1 h, 10 €*), en el interior de la reconstruida **Igreja da Misericórdia** (PLANO: **11** P. 36 **C4**) del s. XVI. El Museu Municipal acoge actuaciones en sus claustros, al igual que el **Restaurante O Castelo** (PLANO: **12** P. 36 **C5**). También se celebran frecuentes recitales de guitarra dentro de las murallas de la ciudad, a las

---

 EL GOLF Y EL TRIÁNGULO DE ORO

La zona de hoteles, villas, campos de golf y restaurantes de lujo al oeste de Faro recibe el nombre de Triángulo de Oro. Incluye los dos complejos turísticos más cercanos, Quinta do Lago y Vale do Lobo, el puerto deportivo más grande de Portugal, en el complejo de Vilamoura (p. 96), y la ciudad interior de Almancil, conocida por sus restaurantes de renombre. Aunque gran parte del terreno es propiedad del complejo, las playas, los restaurantes y la mayoría de las carreteras son de acceso público. Con una docena de prestigiosos campos de golf y academias (algunas con profesionales el PGA) en todo el Triángulo de Oro es un lugar estupendo para practicar.

que se accede por la escalera de la oficina de turismo; hay que consultar horarios y entradas.

Ver un partido de fútbol DEPORTE

PLANO: **13** P. 36 **A1**

El fútbol forma parte del alma portuguesa tanto como el fado, y en el **Estádio Algarve** *(estadioalgarve. pt),* a las afueras de la ciudad, se puede ver algún partido. Construido para la Eurocopa del 2004, es el estadio más grande de la región, acoge los partidos del Sporting Clube Farense, de la Primeira Liga, la primera división portuguesa.

Visita (o espectáculo) en el Teatro Lethes TEATRO

PLANO: **17** P. 36 **D2**

El **Teatro Lethes** *(teatrolethes. com; adultos/niños 5/3 €),* antiguo colegio jesuita de Faro del s. XVII reconvertido en teatro, es el espacio cultural más elegante de la ciudad. Con butacas color burdeos, cuatro palcos de madera y un techo en trampantojo, merece la pena consultar la programación. Hay visitas guiadas dos veces al mes que permiten apreciar mejor el recinto, incluidos los bastidores.

Celebraciones locales EVENTOS

Faro tiene una agenda anual apretada *(cm-faro.pt/pt/agenda).* Dos grandes festivales veraniegos son la **Festa da Ria Formosa,** que dura 11 días y se dedica al marisco, en

LO MEJOR PARA NIÑOS

Jardim da Alameda João de Deus

PLANO: **14** P. 36 **D5**

Este frondoso parque semicerrado frente a la biblioteca de la ciudad tiene pavos reales en libertad, zona infantil, minigolf y una fachada neomudéjar.

Centro Ciência Viva do Algarve

PLANO: **15** P. 36 **B5**

El museo de la ciencia, dedicado a los ecosistemas costeros más allá de la Ria Formosa, entretiene a los más pequeños *(adultos/niños 5/3 €).*

Faro Story Spot

PLANO: **16** P. 36 **C5**

Aunque un poco caro, los niños apreciarán este museo multimedia que cubre Faro y la Ria Formosa en una experiencia inmersiva de 35 min *(farostoryspot.pt; adultos/niños 13/7 €).*

julio y agosto, y el **Folkfaro,** de agosto, el mayor acontecimiento folclórico de la región, que gira en torno a tradiciones y danzas que de otro modo pasarían desapercibidas. En octubre, la centenaria **Feira de Santa Iria** ofrece diversión para todas las edades.

Lo mejor para...

€ Económico €€ Medio €€€ Alto

Localizaciones en el plano de la **p. 36**

Comer

Favoritos locales

Pastelaria Coelho €
 D4

Acogedor bar con terraza que sirve desayunos, aperitivos, pasteles, almuerzos especiales y cenas tradicionales. *7.30-24.00 do-vi*

O Recife €
19 C2

Churrasqueira (asador) y comida para llevar que ofrece pollo piri-piri por mitades o entero. *12.00-15.00 y 19.00-22.00 ju-ma*

Vó Bela €
20 D1

Restaurante familiar especializado en *petiscos* (tapas), marisco y recetas portuguesas difíciles de encontrar. *12.00-15.00 ma-do y 19.00-22.00 ma-sa*

'Petiscos' y aperitivos

A Venda €
21 C3

Fotos y adornos de cerámica decoran este acogedor espacio con platos para compartir y vegetarianos. *13.00-15.00 y 19.00-22.00 lu-sa*

A Tasca do Joao €
22 D4

Con algunas mesas que dan a una plaza, es un bonito lugar para degustar platillos, embutidos, quesos y vinos de calidad. *17.00-23.00 lu-sa*

Marisco fresco

O Chalavar €
23 A1

Un discreto restaurante decorado con azulejos en el que se elige el pescado y marisco frescos en el mostrador. *12.00-14.30 y 19.00-22.00 lu-sa*

União dos Amigos €
24 A1

Bar de pescado fresco a precios asequibles. *12.00-15.00 y 18.00-22.00 ma-do*

Comidas memorables

Los Locos €€
25 C3

Platos de fusión portuguesa imaginativos y frescos en una calle peatonal decorada con murales y con ocasional *jazz* en vivo. *17.00-23.00 ma-do*

Grand Café Aliança €€
26 C3

Café centenario con los mejores almuerzos de Faro. *12.00-23.00 mi-do*

Cantinho €€
27 C5

Platos tradicionales, incluidas excelentes *cataplanas* (como la esquiva opción para una sola persona) en la acera junto al Arco do Repouso. *12.00-22.00 lu-sa*

EPICUR €€€
28 D4

Los innovadores platos de fusión de Jorge se maridan a la perfección con vinos en el reducido restaurante o en el local clandestino con menú oculto tras la puerta de una nevera. *18.00-23.00 lu-sa*

Restaurantes vegetarianos

Outro Lado €€
29 B3

Sirve versiones vegetarianas de favoritos portugueses, como la *francesinha* (bocadillo típico de Oporto con carne) y el estofado

de pescado. *19.00-22.00 ma-sa*

True Food
 C3

Sirven sabrosos platos veganos y vegetarianos bien presentados, algunos sin gluten. *12.00-22.00 ju-lu*

Gastronomía costera

Café do Zé
31 B5

Más allá de los restaurantes de carretera de la Praia de Faro, este sencillo bar ofrece un almuerzo ligero. *9.00-17.00 ma-do*

Estaminé
véase **5** C6

Esta maravilla arquitectónica de Ilha Deserta sirve sensacionales platos de marisco y ostras de la zona. *12.00-17.00*

Beber

Vino y cócteles

LAB Terrace
32 B5

Hay que llegar temprano para conseguir una tumbona en este relajante bar al atardecer con vistas privilegiadas de Ria Formosa y frecuentes tríos de *jazz*. *16.00-22.00*

Varandas
33 C4

Coctelería de tres plantas, apacible y elegante, en una azotea junto a las murallas exteriores de Vila Adentro, con interesantes cócteles propios y buena música. *21.00-3.00*

Bago Wine Bar
34 C5

Vinos del Algarve y de todo Portugal frente al elegante Palacete Belmarço. *11.00-23.00 ma-sa*

Cervezas artesanas

Boheme
35 B3

Diminuto bar cercano al puerto deportivo propone cervezas artesanales portuguesas en continuo auge. *11.00-2.00*

Algarve Rock
36 A2

Cervecería artesanal con grifos de cervezas regionales y algunas curiosas, como la infusionada al piri-piri. Organiza visitas y catas los miércoles. *10.00-16.00 lu-ju, hasta 21.00 vi*

Baile y música en vivo

Associação Recreativa e Cultural de Músicos
37 C5

Actuaciones de DJ y bandas en el patio al aire libre de una antigua

fábrica de cerveza. *Horario variable*

Palimpsestu Art Bar
38 C3

Un local íntimo, acogedor y creativo con muebles de época y un revoltijo de lámparas que organiza sesiones de DJ y espectáculos en vivo. *18.00-1.00*

Comprar

Arte y artesanía

GAMA RAMA
39 B3

Galería-tienda que vende diseños actuales y organiza talleres artísticos. *11.00-17.00 ma-sa*

Casa da Bli
40 D3

Tienda de marca portuguesa con recuerdos hechos a mano, jabones, cerámica, textiles y artículos para el hogar de varios artistas. *10.00-20.00 lu-sa*

Productos locales

About Wine
41 D2

Vinos portugueses en una tienda independiente, que ofrece recomendaciones y muestras de vino personalizadas. *10.30-13.00 lu-sa y 15.00-19.30 lu-vi*

⭐ **MERECE LA PENA**

Estoi

El encantador Estoi, 10 km al noreste de Faro, conserva un aire de pueblo. Merece la pena pasar medio día para explorar el Palácio de Estoi, del s. XVIII, ver los suntuosos jardines, visitar las ruinas romanas al aire libre de Milreu y conocer el lado más relajado del Algarve.

CONSEJO

El autobús nº 65 de Vamus sale de Faro todos los días a las 13.45 y regresa a las 18.00, lo que facilita la visita. La entrada a los jardines es obligatoria los domingos. Las ruinas de Milreu cierran los lunes y a la hora de comer.

Escanea este código QR para una guía del palacio.

Ruinas romanas de Milreu

Cuando se descubrieron las vastas **ruinas romanas de Milreu** *(patrimoniocultural.gov.pt; adultos/niños 2/1 €; efectivo)*, a 15 min a pie del centro de Estoi, los arqueólogos estaban seguros de haber descubierto una aldea. Posteriormente se confirmó que se trataba de una extensa y lujosa villa. Habitado por familias de la alta sociedad entre los ss. I y X antes de convertirse en cementerio bajo el dominio árabe, el yacimiento conserva detalles en buen estado. Los mosaicos intactos que recrean peces y el antiguo templo son impresionantes y varios paneles muestran el aspecto original de los muros derruidos y los estanques. Algunas esculturas y objetos de mármol se exponen en el **Museu Municipal** (p. 40) de Faro y en el Palácio de Estoi.

Palácio de Estoi y jardines

El **Palácio de Estoi** *(pousadas.pt; 3-5 €),* del s. XVIII, fue una fastuosa residencia nobiliaria. Mezcla de barroco y rococó con toques neomudéjares y una fachada color salmón, hoy es un hotel de lujo, aunque también son famosos sus cuidados jardines. Las visitas al recinto pueden ser gratuitas o de pago. La primera opción (salvo los domingos, cuando solo se puede entrar por el hotel) permite acceder a los jardines, gestionados por el municipio, por la puerta verde de la calle peatonal a la izquier-

Ruinas romanas de Milreu.
STEPHEN POWER/SHUTTERSTOCK

da de la iglesia. Aunque no se accede a los jardines superiores, se pueden ver las esculturas, la fuente y la escalinata bordeada de azulejos, desde donde es posible espiar el recinto del hotel. Otra opción es visitar el palacio entre 11.00 y 18.00 para recorrer los jardines superiores y curiosear en su interior. La entrada permite visitar tres salones reales, la capilla y algunas zonas con objetos históricos, mientras que las visitas guiadas *(15 €)* son más exhaustivas. El acceso es gratuito si se reserva para almorzar.

En el pueblo

El pequeño núcleo de calles adoquinadas de Estoi ofrece un agradable y breve paseo. Si está abierta, se puede echar un vistazo al interior de la restaurada **Igreja Matriz de Estoi,** de fachada neoclásica, antes de comprar *conserves* (conservas de pescado), vinos, licores y productos locales en **Canastra.**

UNA PAUSA
El bar que da a la iglesia tiene las vistas más bonitas, pero la cercana **La Bodeguita del Medio** *(6.30-22.00)* de ambiente más local, sirve sopas, bocadillos calientes y *bifanas* (bocadillos de lomo de cerdo) todo el día.

👣 **CIRCUITO A PIE**

Descubrir Olhão

Olhão superó hace tiempo sus orígenes de pueblo pesquero, pero es aún una de las poblaciones más sólidas del Algarve, en parte por ser su principal puerto pesquero. Antes de dirigirse a la Ria Formosa, se puede explorar la arquitectura cubista de Olhão, sus estatuas, murales y barrios típicos en unas horas.

INICIO	FINAL	DURACIÓN
Rua da Fábrica Velha	O Sardines Restaurant	4,4 km; 1½ h

❶ Magníficos murales

Se parte de las ruinosas fábricas de la Rua da Fábrica Velha, cubiertas de **espectaculares murales** con escenas de antaño, como trabajadores de las conserveras o reuniones de pescadores.

❷ Camino de leyendas

El **Caminho das Lendas,** que serpentea por estrechas calles adoquinadas con las bajas casas cubistas típicas de Olhão, pasa por cinco estatuas de personajes locales legendarios.

❸ Mercados matinales

En el paseo marítimo se hallan los **mercados de Olhão** *(7.00-14.00 lu-sa),* dos edificios de ladrillo rojo con venta de productos frescos. Delante se ve el **'caíque Bom Sucesso',** réplica del barco que en 1808 llegó a Brasil para informar a João VI del levantamiento popular contra las tropas napoleónicas.

❹ Lugares históricos

Siguiendo las calles peatonales se llega a la **Praça da Restauração,** con un par de iglesias y un pequeño museo. Si está abierta, se puede subir a la torre de la **Igreja Matriz de Nossa Senhora do Rosário** para apreciar el trazado de Olhão. La capilla trasera, de azulejos azules y blancos, está siempre abierta.

❺ Arte callejero

El paseo prosigue por la **Avenida da República,** flanqueada por grandes edificios del auge pesquero del s. xx. Aquí se puede admirar el frontal de azulejos con escenas rurales de la fuente y los mosaicos del palacio de justicia. Se gira a la derecha por la Rua de Olivença con más murales, en especial en la **Vivenda Vitória,** una casa señorial abandonada cubierta de grafitis.

❻ Dulce capricho

El *folar* de Olhão, un pastel con capas de canela y azúcar, es muy apreciado. Cerca del supermercado, una rampa conduce a **João Mendes & Rita** *(9.00-18.00 lu-vi),* una fábrica que elabora los famosos pasteles. Para comprar uno recién horneado, hay que llamar a la puerta (solo efectivo).

❼ Barrio de pescadores

Al cruzar la carretera, se entra en el **Bairro dos Pescadores,** con típicas casas adosadas de una planta y escaleras que suben a los tejados donde se secan las redes. Desde aquí, se sigue el paso elevado (hay un pequeño carril lateral) hacia el paseo marítimo.

❽ Puestos de sardinas

En la rotonda con la estatua de un conservero, se cruza hacia **Faropeixe** *(9.00-18.00 lu-vi)* para comprar *conserves* (conservas) o se gira a la derecha hacia la carretera de O Sardines *(12.00-21.00 lu-vi)* para comer sardinas u otro pescado a la plancha antes de dirigirse a las islas.

Ria Formosa

El **Parque Natural da Ria Formosa,** que comprende salinas frecuentadas por flamencos, humedales pantanosos con abundante avifauna e islas barrera, es fenomenal. Ocupa 60 km entre **Quinta do Lago** y **Cacela Velha,** y a veces es difícil saber por dónde empezar. Por suerte, hay mucho para disfrutar sin tener que recurrir a un circuito en barco.

CONSEJO
Olhão es la principal puerta de entrada a la Ria Formosa. La estación de tren de Olhão está a 1 km del paseo marítimo; hay un gran aparcamiento *(3,50 €/día)* al este del muelle de ferris.

Escanea este código QR para saber más sobre los ecosistemas de la Ria Formosa.

Observación de fauna

Flamencos, zarapitos, caballitos de mar, camaleones mediterráneos, espátulas, el calamón púrpura -símbolo del parque- y otros muchos habitan en la Ria Formosa, sobre todo en invierno y durante la época de migración. Un excelente punto de partida es la **Quinta de Marim** *(icnf.pt; 3 €; cerrado sa-do),* una finca fundada por los romanos que alberga el **Centro de Educação Ambiental de Marim.** Amplios paneles informativos en inglés se combinan en un sendero de 2,5 km por la zona protegida, que reúne ecosistemas mixtos y avifauna. La pasarela de **Passadiços de Loulé** (p. 41), cerca de Faro, es otro paseo fácil para observar aves. En el agua, un kayak permite ver a las aves de la laguna por libre, mientras que las excursiones guiadas en barco ofrecen la visión experta. De Faro salen los barcos solares de **Lands** *(lands.pt; desde 40 €),* menos ruidosos. A veces se ven delfines en la laguna, pero las posibilidades de avistamiento aumentan en las **excursiones para ver cetáceos** (p. 41) más allá de las islas barrera.

En barco por las islas

Cinco islas barrera de arena sedosa y dunas, libres de coches, separan las aguas cálidas de la laguna del Atlántico. De oeste a este, son **Ilha da Barreta** (también llamada **Ilha Deserta**), **Ilha da Culatra**

Pantano púrpura.
TONY MILLS/SHUTTERSTOCK ©

(incluida **Ilha do Farol,** a menudo consideradas islas distintas), **Ilha da Armona, Ilha de Tavira** e **Ilha de Cabanas.** Todas son accesibles en ferri; las salidas a las islas principales son desde **Faro** (p. 35), **Tavira** (p. 55) y **Olhão** (p. 48).

Las dos islas centrales habitadas, **Culatra** y **Armona,** cuentan con restaurantes, instalaciones y pequeñas unidades tipo bungaló, y el acceso ideal es a través del **Cais de Embarque** de Olhão *(adultos/niños desde 2/1 € ida, solo efectivo)*. De día, hay ferris cada 2-3 h y tardan 20-30 min; los billetes se compran en la caseta correspondiente (hay dos taquillas adyacentes con colas separadas), que abren 30 min antes de la salida. Los fines de semana de verano hay mucha gente, y el último ferri siempre está abarrotado. A veces hay ferris adicionales de ida y vuelta, pero no están garantizados, por lo que es mejor llegar con tiempo, pues los taxis acuáticos son caros. Para ir de isla en isla entre

ALOJAMIENTO
Algunas islas disponen de alojamiento, como los bungalós Orbitur de Armona, el *camping* de Tavira y las casas flotantes con energía solar de Barco Casa.

ALMUERZO
En Armona, se
puede disfrutar
de un cóctel con
vistas a las dunas
o de un almuerzo
de pescado
fresco en
Lanacosta *(ma-do)*. **Chá chá chá**
(ma-sa), en Olhão,
ofrece vinos sin
filtrar, platos
tradicionales y
vegetarianos.

Armona y Culatra hay que volver a Olhão. Algunos ferris disponen de rampas (hay que confirmar al comprar los billetes), y **Ria Formosa Boat Tours** *(riaformosaboatours.com; precio variable)*, con base en Faro, opera una barca adaptada y accesible en silla de ruedas con elevador acuático. Las excursiones en kayak y tablas de surf de remo de **MárioSUP** *(mariosup.wixsite.com/mariosup; precio variable)* desde Olhão, Fuseta o Tavira son una forma más activa de llegar a las islas.

Playas sin ferris

Las playas sin barcos son **Praia de Faro** (p. 40) con acceso por carretera, **Praia do Barril** (p. 63), con un cementerio de anclas, a la que se llega a pie o en un pequeño **tren turístico** por un puente, y **Praia da Cacela Velha** (p. 65), accesible a remo con marea baja, aunque también hay barcos pesqueros que parten de las inmediaciones. Una de las mejores junto a la laguna es la **Praia da Fuseta Ria** (estación de tren de Fuseta-A),

AMA/SHUTTERSTOCK ©

sobre todo con bajamar, cuando los remolinos de arena y las aguas superficiales permiten caminar hasta el puesto de socorro.

Pesca y festivales

En la Ria Formosa, la pesca de lubina y dorada, la recogida manual de almejas y berberechos y el cultivo de ostras se controlan mediante licencias. El mejor momento para observar a los pescadores es con la marea baja, cuando excavan a mano en busca de almejas, y se pueden ven los criaderos de ostras de Culatra. Para ver cubos de almejas recién recogidas, *conquilhas* (coquinas) y ostras (muchas de las cuales son para el mercado francés) y a los pescadores en acción, hay que pasearse por las cabañas de pescadores junto al pueblo de Culatra, al norte de la isla. **Artur's Watersports** *(artur watersportsacademy.pt; precio variable)* ofrece excursiones de un día desde Faro en un barco de pesca tradicional, en las que se recogen almejas y se prueban las ostras. A mediados de agosto, Olhão –sede del mayor puerto pesquero del Algarve y del comercio de marisco en los **mercados de Olhão** (p. 49)– acoge el **Festival do Marisco** *(festivaldo marisco.com)* de cinco días, con venta, degustación de recetas tradicionales y música en vivo.

Salinas

Las salinas salpican la tierra firme frente a la Ria Formosa, generando beneficios económicos y refugios para la avifauna, sobre todo para los flamencos. A veces, ciertas combinaciones de minerales y algas hacen que el tapiz de rectángulos adquiera colores vivos, entre ellos el rosa. Se puede alquilar una bici o apuntarse a una excursión en **SeaHorse Bike Rental** *(seahorsebikerental.com; desde 14 €)* para explorar las salinas de Olhão, o reservar en **Salinas do Grelha** *(salinasdogrelha.pt; desde 8 €)* para contemplar la producción de sal y flotar en el **Mar Morto** entre mayo y octubre.

VISITA RESPONSABLE

Los ecosistemas del parque están protegidos por un código de conducta. Para contribuir a preservar el medio ambiente, está prohibido caminar por las dunas, recolectar almejas o tocar a los camaleones, y se ruega elegir actividades no motorizadas, como el kayak, siempre que sea posible. En los últimos años, la población de caballitos de mar ha disminuido un 90%; conviene evitar las excursiones en las que se nade o interactúe con esta especie.

Sugerencias de lugares para comer, beber y comprar en **p. 66**

Explora
Tavira y alrededores

Desde que los fenicios introdujeron las redes de almadraba para la captura del atún hace milenios, Tavira ha vivido volcada en las técnicas y actividades marítimas. Tras encumbrarse como la ciudad más poblada del Algarve gracias al floreciente comercio con el norte de África en el s. XVI, su importancia se vio menoscabada por terremotos, pestes y la agonía de la industria pesquera del atún rojo, que hoy se recuerda en pequeños museos y un cementerio de anclas en la playa. Con blancas calles adoquinadas, plazas ajardinadas, iglesias que acogen conciertos, islas idílicas y un sosegado estilo de vida, sigue siendo uno de los destinos más auténticos del Algarve.

Cómo desplazarse

 Autobús
El centro es fácil de recorrer a pie, aunque hay dos líneas de autobús. Los de Vamus salen de la terminal ribereña hacia Santa Luzia, Luz, Cabanas y más allá. Para las islas hay servicio de ferri.

 Bicicleta
Los carriles señalizados hasta Santa Luzia y la Ciclovia (sin coches) hasta Cabanas facilitan el pedaleo.

 Tren
Las estaciones de Tavira y Porta Nova están a menos de 1 km del centro. Aunque Luz, Cacela y Monte Gordo tienen estaciones, los autobuses pasan más cerca.

LO MEJOR

EXPERIENCIA CULTURAL
Fado com História (p. 58)

AVES
Avistamiento de flamencos en las salinas (p. 63)

PLAYA
Ilha de Tavira (p. 63)

ACTIVIDAD
Clase de cocina (p. 62)

PANORAMA
Cacela Velha (p. 65)

Tavira.
ISRAEL RUIZ/SHUTTERSTOCK ©

Más información

Imprescindible ⭐ p. 58
Experiencias 🌸 p. 62
Comer ✖ p. 66
Beber 🍷 p. 67
Comprar 🛍 p. 67

0 —————— 4 km

Ribeira da Zambujosa

Ribeira da Gafa

Parque de Lazer do
Perímetro Florestal da
Conceição de Tavira

Vía do Infante

Ribeira do Almargem

Cace
Velha
24

Parque
Natural da
Ría Formosa

FÁBRICA

27 Tavira
Equestrian
Tourism

25 Praia d
Cacela
Velha

CONCEIÇÃO

Praia do
Lacém

Atelier
Medronho
23

CABANAS
DE TAVIRA
35

Véase ampliación
de Tavira

Cooperativa de
Aceite de Oliva
Hélder Madeira

20

9 Ciclovía
de Tavira

17 Ilha de
Cabanas

7 Taste
Algarve

TAVIRA

32

Museo Arraial
6 Ferreira Neto

49

21

36

Tavira

Quatro
Águas

8 13

Terminal
de ferris
de Quatro
Águas

40

11 Praia da
Ilha de Tavira

Parque
Natural da
Ría Formosa

Santa
Luzia
22

Praia da
Terra
Estreita

OCÉANO
ATLÁNTICO

19
Minitren

18
Praia do
Barril

A   B   C   D

1	
E	CASTRO MARIM
F	
G	
H	

Ribeira de Rio Seco

Barragem do Vitalino

Via do Infante

Ribeira do Álamo

Reserva Natural do Sapal de Castro Marim e Vila Real de Santo António

Vila Real de Santo António

VILA REAL DE SANTO ANTÓNIO

50

2

Av de Portugal

MONTE GORDO

Estrada da Mata

acela

VILA NOVA DE CACELA

ALTURA 57

39

3

MANTA ROTA

38

26

Praia de Alagoa

28

Praia Verde

29

Praia de Santo António

Tavira

45

R. dos Limpinhos

16

Casa das Artes

Cç de Santana

Lg de Santana

R. de Sant'Ana

R. de Sant'Ana

R. João Vaz Corte Real

44

10

Abílio

R Fumeiros Detrás

L de São Brás

Pç Dr António Padinha

Lg de São Brás

34

Igreja do Carmo

Lg do Carmo

R Feixinho de Vides

R. 1º Dezembro

R. Álvares Botelho

R do Sapo

33

43

Lg do Trem

R Almirante Cândido dos Reis

R Poeta Emiliano da Costa

R José Joaquim Jara

R dos Pelames

Ponte Velha (peatonal)

Rio Gilão

R Jaques Pessoa

R Borda d'Água de Aguiar

4

Palácio da Galeria

Núcleo Museológico Islâmico

41

Ponte das Forças Armadas

Fe y Fado

5

48

46

2

15

R. da Liberdade

R do Cais

Casa Álvaro de Campos

Terminal de ferris a la Ilha de Tavira

12

5

Igreja de Santa Maria do Castelo

4

3

Ruínas Fenícias de Tavira

14

42

Casa Fotografia Andrade

50

R Dr Marcelino Franco

R Dr Parreira

Pousada Convento Tavira

Castelo

47

31

0   200 m

6

57

★ **IMPRESCINDIBLE**

Fe y fado

El apelativo de Tavira como "ciudad de las iglesias" es merecido. Más de 30 templos de todos los tamaños y estilos pueblan el casco antiguo. Algunos se han reconvertido en museos y otros acogen actuaciones de fado, el melancólico género musical portugués.

PLANO: P. 56 **E5**

CONSEJO
Las iglesias más pequeñas abren esporádicamente y suspenden las visitas durante las misas. Las principales ofrecen entradas fijas y combinadas que cuestan 3 € (una), 7 € (tres) y 10 € (cinco).

Escanea este código QR para una guía histórica de Tavira.

Conciertos de fado
Fado com História (*fadocomhistoria.com; 10 €*) ofrece actuaciones al atardecer de 1 h, con un vídeo sobre la historia del fado (*lu-sa*). Los conciertos se celebran en la Igreja da Misericórdia o en el auditorio contiguo (la ubicación se ve al comprar en línea). Algunas iglesias más pequeñas, como la **Ermida de São Sebastião,** con intrincados paneles de madera pintados a mano, acogen conciertos más íntimos los sábados. En julio y agosto, el quiosco de música del **Jardim do Coreto** programa actuaciones semanales al aire libre al atardecer.

Iglesias museo
Si solo se dispone de tiempo para visitar una iglesia, se aconseja la **Igreja da Misericórdia,** del s. XVI. Abierta todos los días, las salas del fondo albergan un museo, el campanario ofrece vistas de la ciudad y la nave principal, adornada con azulejos, es digna de admiración. La **Igreja de Santa Maria do Castelo,** construida en el lugar que ocupó la mezquita, también cuenta con intrincados azulejos y un tesoro de objetos sacros, mientras que la **Igreja de São José,** del s. XV, un antiguo hospital religioso, ofrece exposiciones multimedia de historia en sus capillas laterales.

Igreja da Misericórdia.
LUX BLUE/SHUTTERSTOCK ©

Merece la pena

La **Igreja do Carmo** es una de las más impresionantes, con exquisitas tallas y decoración barroca y rococó. Por desgracia, está cerrada salvo para la misa. Muy cerca, la **Capilla de Nossa Senhora do Livramento** es parecida, aunque su principal atractivo es la fachada de azulejos blancos y azules. Cerca del castillo, la estructura original de la **Igreja de Santiago** se remonta a los árabes (s. XIII), aunque gran parte de su aspecto actual (como el medallón dorado de la fachada) es fruto de la reconstrucción del s. XVIII.

COMER Y DORMIR
Para una experiencia más íntima, se puede hacer noche o comer en la **Pousada Convento Tavira,** del s. XVI. Este espectacular espacio situado junto a un claustro fue en su día un convento de monjas agustinas.

CIRCUITO A PIE

Un paseo por Tavira

Tavira, una de las primeras colonias fenicias en lo que hoy es Portugal y ya habitada en la Edad de Bronce, es una de las ciudades más antiguas y bonitas del Algarve. Su conjunto monumental, aunque reducido, se despliega por calles encaladas adornadas con buganvillas y con puertas tradicionales de madera.

INICIO	FINAL	DURACIÓN
Mercado municipal	Jardim da Alagoa	2,8 km; 1¼ h

❶ Mercados matinales

El **mercado municipal,** uno de los más grandes de la región, explica por qué Tavira es la representante portuguesa de la dieta mediterránea ante la Unesco. Las cafeterías sirven desayunos.

❷ Libros y Biblias

Se pasea junto al Convento das Bernardas, un antiguo monasterio de estilo manuelino convertido en fábrica y hoy en residencia, hacia la **Biblioteca Álvaro de Campos** *(ma-vi)*. Antigua cárcel, hoy es una biblioteca de interesante arquitectura con una cafetería. Delante se yergue una de las iglesias más recónditas de Tavira, la **Ermida de São Sebastião.**

❸ Jardín ribereño

Serpenteando por bonitas callejuelas residenciales se llega al río. Se puede pasear por el restaurado **Mercado da Ribeira** y el frondoso **Jardim do Coreto** con un quiosco de música rodeado por un foso, y saborear un helado en Do Meu Avô. Al lado se encuentra la **Praça da Republica,** la principal de Tavira, con cafés y un pequeño anfiteatro.

❹ Reliquias islámicas

No se tarda mucho en visitar la pequeña colección de objetos islámicos del Núcleo Museológico Islâmico. Al lado, el arco de piedra de la **Porta de Dom Manuel,** parte de las antiguas murallas de la ciudad, conduce al casco antiguo. Se puede entrar por aquí o continuar por la Rua da Liberdade, repleta de tiendas, hasta las **Escadinhas do Castelo** ("escaleras del castillo").

❺ Ruinas y vistas

Se suben las escaleras hasta el almenado **Castelo** morisco, con vistas panorámicas y ruinas fenicias al pie. En la Pousada Convento, del s. XVI, aún se conservan visibles algunos cimientos del barrio árabe del s. XII.

❻ Grandes edificios

Al descender hacia el río, se pasa frente a un impresionante trío: la **Igreja de Santa Maria do Castelo,** que parece un museo; la **Igreja da Misericórdia,** que acoge conciertos de fados; y el **Palácio da Galeria,** actual Museu Municipal.

❼ Al otro lado del Gilão

Se cruza el río por el **Ponte Velha,** del s. XVII y siete arcos. Se cree que originalmente fue construido por los romanos como parte de la ruta comercial hacia **Balsa** (p. 63).

❽ Almuerzo con hojas

Al otro lado del río aguardan tiendas de artesanía y bares ribereños. La zona del **Jardim da Alagoa,** con vistas a la Igreja do Convento de São Paulo, es ideal para disfrutar de un almuerzo.

EXPERIENCIAS

Admirar objetos islámicos
MUSEO

PLANO: **1** P. 56 **F5**

Construido en torno a una muralla árabe de tierra compactada del s. XII, el **Núcleo Museológico Islâmico** (*cm-tavira.pt; 2 €, cerrado do-lu*), exhibe piezas islámicas halladas en la zona. La colección se visita en 30 min y destaca el Jarrón de Tavira, del s. XI, un vaso de arcilla roja adornada con figuritas que representan un rapto nupcial ceremonial. Hay que tener en cuenta que las exposiciones están en portugués; en la recepción facilitan un folleto traducido. Acceso sin escalones y ascensor hasta la 2ª planta.

La compleja historia de Tavira
YACIMIENTOS ARQUEOLÓGICOS

Museos aparte, la historia de Tavira se cuenta a través de tres yacimientos arqueológicos casi adyacentes. Las **Ruínas Fenícias de Tavira** (PLANO: **2** P. 56 **F5**) confirman la presencia fenicia; un tramo de 13 m de la muralla del s. VIII a.C. es visible a través de una verja. Cerca, el **Castelo** (PLANO: **3** P. 56 **F6**) morisco almenado, reconstruido en el s. XVII, alberga hoy un jardín botánico, y las murallas y la torre ofrecen extensas vistas. Detrás se encuentra el barrio almohade y, en él, la **Pousada Convento Tavira** (PLANO: **4** P. 56 **E6**), hoy un hotel donde un pequeño museo conserva una parte excavada del barrio del s. XII.

Probar la dieta mediterránea local
MUSEOS/FESTIVALES

Como representante lusa en el Patrimonio Cultural Inmaterial de la Dieta Mediterránea de la Unesco, en Tavira abundan las prácticas culinarias ancestrales. El **Palácio da Galeria** (PLANO: **5** P. 56 **E5**; *cm-tavira.pt; 2 €, cerrado do y lu*), alberga una exposición sobre la inclusión de esta dieta en la lista de la Unesco, que revela por qué este país atlántico es culturalmente mediterráneo. Un segundo museo, el diminuto **Arraial Ferreira Neto** (PLANO: **6** P. 56 **B4**; en el Hotel Vila Galé Albacora), se centra en la historia atunera de Tavira, y expone maquetas de barcos y las complejas redes de almadraba fenicias, utilizadas hasta el colapso de la industria atunera en el s. XX. A principios de septiembre, la **Feria de la Dieta Mediterránea** celebra la cultura gastronómica local, al igual que el **Festival de Gastronomia do Mar,** durante el cual los restaurantes sirven capturas locales y platos tradicionales.

Descubrir recetas típicas en una quinta
CLASE DE COCINA

PLANO: **7** P. 56 **A4**

Para sumergirse de lleno en los sabores locales, se recomienda aprender a preparar recetas típicas en las clases de cocina de **Taste Algarve** (*tastealgarve.com; desde 110 €*), que se imparten en una quinta familiar de las afueras. Dirigidas por la experta Inês, las sesiones en grupo (con reserva previa) incluyen visita a la granja, con viñas, algarrobos e higueras; en las clases matinales también se visita el mercado. Se saluda brevemente a Malha, el burro, antes de aprender a preparar una comida tradicional de tres platos en la moderna cocina, incluida la popular *cataplana*. Al término, se saborea el resultado en la terraza con vistas a Tavira y al océano. También se ofrecen almuerzos y cenas sin clases.

Avistar flamencos en las salinas · SALINAS

Las salinas de Tavira flanquean ambas orillas del río Gilão y su producción de sal está documentada desde el s. IV a.C. Pequeñas crestas en el margen de **Quatro Águas** (PLANO: **8** P. 56 **B5**) facilitan un examen detallado cerca de la zona de producción de Rui Simeon. Al otro lado del río, la **Ciclovia de Tavira** (PLANO: **9** P. 56 **B4**), que lleva a Cabanas, es apta para bicis (**Abílio** las alquila; PLANO: **10** P. 56 **F4**). Según la época, se ven flamencos jóvenes, charranes y espátulas. Cuando la concentración de algas se equilibra, aparecen pozas de vivo color rosa.

En ferri a la Ilha de Tavira · ISLA

Para disfrutar del sol hay que subir a un ferri (20 min) rumbo a la **Praia da Ilha de Tavira** (PLANO: **11** P. 56 **B5**), una playa rodeada de dunas y bosques de pinos. Hay ferris aprox. cada hora, de primavera a otoño, desde la **terminal de ferris a la Ilha de Tavira** (PLANO: **12** P. 56 **H6**; *silnido.com; adultos/niños 2,50/ 1,10 € ida y vuelta*) con vistas a las salinas, mientras que la **terminal de Quatro Águas** (PLANO: **13** P. 56 **B5**) opera todo el año. En la playa hay un puñado de restaurantes y, en temporada, sombrillas y masajes.

Costas cercanas · PLAYAS

Ferris de temporada a precios similares conectan con la **Ilha de Cabanas** (PLANO: **17** P. 56 **C4**; en verano las colas son largas por la reducida capacidad de los barcos) y **Santa Luzia**, con sus respectivas playas. A la **Praia do Barril** (véase **18** P. 56 **A6**) y su curiosa colección de vetustas an-

---

 LA CIUDAD ROMANA DE BALSA

Descubierta por el arqueólogo Estácio da Veiga en 1866, la mayor parte de la ciudad romana de Balsa (46 Ha) permanece aún enterrada en la actual Luz de Tavira. La única parte visible es la torre de Aires, una atalaya árabe de piedra que se cree construida sobre una base romana. Las excavaciones en curso han hallado cristalería, monedas, tanques para producir garo, necrópolis y mosaicos. Por desgracia, muchos objetos permanecen en depósito. Tras la excelente, aunque temporal, exposición Balsa 2024 en el Palácio da Galeria de Tavira, se espera que la creciente colección disponga de una sede permanente.

LAS MEJORES GALERÍAS DE ARTE

Casa Fotografía Andrade

PLANO: **14** P. 56 **F6**

En este pequeño estudio fotográfico, Miguel Andrade, la cuarta generación, comparte los antiguos equipos de su bisabuelo e imágenes del Algarve de antaño (*5 €*).

Casa Álvaro de Campos

PLANO: **15** P. 56 **F5**

Pequeña galería y espacio cultural de reminiscencias pessoanas que acoge recitales musicales y charlas.

Casa das Artes

PLANO: **16** P. 56 **E4**

Una galería que solo abre por la noche con exposiciones temporales en un ambiente sociable.

clas, vestigio de la extinta industria atunera, se accede por un sendero de 1,5 km o en el **minitren** (PLANO: **19** P. 56 **A6**; *2 €*). Al oeste se encuentra la **Praia do Homem Nu** ("playa del hombre desnudo"), nudista. Hay taxis acuáticos más caros a la mayoría de las playas de la isla.

Recorrido por un olivar FÁBRICA

PLANO: **20** P. 56 **B4**

Para probar el oro líquido local, no hay que salir de Tavira. La **Cooperativa de Aceite de Oliva Hélder Madeira** (*heldermadeira.com; 17,50 €*) organiza visitas guiadas (90 min) y catas (*diario 16.00, salvo*

ju-do) en su fábrica. Para disfrutar de la experiencia completa en el olivar, se conduce hasta **Monterosa Olive Oil** (PLANO: **21** P. 56 **A5**; *monterosa-oliveoil.com; adultos/niños 14/7,50 €*), a 20 min, uno de los principales productores de aceite de oliva virgen extra del Algarve. Sus visitas y catas matinales (*ma-vi, 75 min, previa reserva*) incluyen un paseo por el olivar, visita a la sala de prensado y cata de tres aceites.

Degustar pulpo en Santa Luzia MARISCO

PLANO: **22** P. 56 **A5**

El pueblo de **Santa Luzia,** frente a la ría, es casi un suburbio de Tavira. Conocida como capital oficiosa del pulpo en Portugal, sus aguas son un lugar privilegiado para la captura del *polvo* ("pulpo") mediante *alcatruzes* (ollas de barro) centenarias, aunque hoy se han abandonado en favor de alternativas modernas. Por la mañana, se pueden ver las capturas en las casetas de los pescadores, al este del pueblo; la subasta, que no es pública, comienza antes de las 11.00. Los paneles informativos muestran la Ruta del Pulpo, mientras que restaurantes como **Casa do Polvo** (p. 66) lo preparan y cocinan de innumerables maneras.

Probar el aguardiente de Tavira DESTILERÍA

PLANO: **23** P. 56 **B4**

En una zona residencial de la ciudad, André ofrece visitas concertadas a su íntimo estudio de elaboración de *aguardente* artesanal, el **Atelier Medronho** *(atelierme dronho@gmail.com)*. En 45 min explica el proceso de fermentación de las bayas rojas del *medronho* y sirve catas.

La aldea más bonita del Algarve   PUEBLO

PLANO: **24** P. 56 **D3**

El panorama desde la cima del acantilado de **Cacela Velha** es seguramente el más sublime del Algarve, sobre todo con marea baja, cuando las arenas se agitan teñidas de azules. Desde los muros encalados que enmarcan la pequeña aldea, la fortaleza del s. XVII *(cerrada al público)* aumenta su atractivo fotogénico. Una escalera junto al cementerio desciende hasta el agua y mucha gente va hasta el banco de arena de la **Praia de Cacela Velha** (PLANO: **25** P. 56 **D3**) con bajamar; hay que tener cuidado, pues, cuando sube la marea, se puede quedar aislado. Otra opción son las barcas que salen de la cercana fábrica. En el pueblo, solo se tardan 10 min

en admirar el viejo pozo, la iglesia encalada y las casas residenciales rodeadas de azul celeste, antes de probar marisco fresco en **Casa da Igreja** (p. 67).

Explorar la costa este del Algarve   PUEBLOS PLAYEROS

Al este de Tavira, un puñado de pueblos se extiende desde Manta Rota hasta el **río Guadiana** (p. 68). La **Praia de Alagoa** (PLANO: **26** P. 56 **F3**), en la *fregresia* de Altura, es una de las más accesibles, con pasarelas, plataformas de acceso a la orilla y sillas de ruedas anfibias en temporada. **Tavira Equestrian Tourism** (PLANO: **27** P. 56 **D3**; *tavira equestriantourism.com; precio variable*) ofrece paseos guiados a caballo con marea baja por las playas orientales, y los senderos del pinar que conducen a la **Praia Verde** (PLANO: **28** P. 56 **G2**) y la **Praia de Santo António** (PLANO: **29** P. 56 **H3**), la más oriental del Algarve, suponen un agradable paseo a la sombra. **Monte Gordo,** con una intensa vida nocturna y un casino, es la zona más animada del Algarve.

ALMENDROS EN FLOR DE ALTA MORA

Alta Mora, a 30 min de Tavira, es una perdida aldea rural. Sin embargo, todo cambia entre enero y febrero, cuando florecen los almendros cercanos y el **Caminho da Amendoeira** (PR8) de 11,5 km se convierte en uno de los senderos más solicitados de la región. Durante este periodo, se celebra el **Festival del Almendro en Flor del Algarve** *(facebook.com/festivalamendoeiras; 3 €)*, de tres días, con paseos guiados, actuaciones, exhibiciones de artesanía tradicional y una gigantesca tarta de almendras.

Localizaciones en el plano de la p. 56

SUGERENCIAS

Lo mejor para...

ⓔ Económico ⓔⓔ Medio ⓔⓔⓔ Alto

Comer

Cafés y dulces

Lá Calha ⓔ

véase

Los comerciantes y los pescadores se reúnen en este sencillo chiringuito en el exterior del mercado para tomar cerveza y comer *bifanas* (bocadillos de lomo de cerdo). *7.00-17.00 lu-sa*

Pastelaria Tavirense ⓔ

30 G6

Un favorito local tradicional para degustar *pastéis de nata* (tartas de crema) y repostería de almendra y algarroba. *7.00-22.00*

Recetas tradicionales

Romba ⓔ

31 G6

Platos mediterráneos de carne y pescado, y gambas al ajillo con una presentación muy personal; un asiento en la barra permite escuchar consejos locales. *12.00-15.00 y 18.00-21.00 lu-sa*

Jorge e Lia ⓔⓔ

32 A4

Un tranquilo restaurante regentado por una pareja que merece visitarse por el filete de atún de primera y la cálida acogida en el recóndito jardín trasero. *12.00-22.00 lu-sa*

Ponto de Encontro ⓔⓔ

33 F4

Pulpo, filetes tiernos y pescados enteros a la parrilla en una de las plazas más bonitas de Tavira. *12.00-14.30 y 19.00-21.30 mi-lu*

Ti Maria ⓔⓔ

34 G3

Una selección de platos regionales para compartir en un coqueto bar de tapas con una amplia terraza. *12.00-1.00 lu-sa*

Con reserva previa

Noélia ⓔⓔ

35 C4

La célebre chef Noélia Jerónimo elabora platos de marisco de primera calidad y a buen precio (se recomienda el arroz con ostras) en su en su restaurante con el nombre propio en Cabanas de Tavira. *12.30-15.00 y 19.00-22.00 ju-ma*

A Carpintaria ⓔⓔ

36 A5

Alta cocina regional en un restaurante de Luz de Tavira con terraza. El *porco a la alentejana* (cerdo con almejas) es impecable. *11.00-22.00 ma-sa*

Casa do Polvo ⓔⓔ

véase 22

Pulpo de innumerables maneras en un restaurante con vistas a los caladeros de Santa Luzia. *12.00-14.45 y 18.30-21.30 ma-sa*

En la costa este

Dois Irmãos ⓔ

37 F2

Cerca de la playa de Altura, este popular local, a menudo abarrotado, es el lugar de referencia para pescado a la parrilla *9.00-17.00 lu-sa*

Chá Com Água Salgada ⓔⓔ

38 E3

En Manta Rota, el romántico restaurante de Sandra y Paulo, frente a la duna, destaca por sus especialidades marineras locales, como sopa de *muxama* (atún curado) y bacalao con alioli. *12.00-22.00*

Casa da Igreja

véase **24**

Si se llega temprano, se consigue una mesa fuera para disfrutar de ostras, almejas y delicias del mar recién hechas en Cacela Velha. *16.30-21.30 lu-sa*

The Pr1me Beach Club

39 H2

En el extremo más tranquilo de la playa de Monte Gordo, este restaurante de temporada tiene vistas al mar, buen ambiente y platos variados, desde *brunch* hasta festines de marisco. *10.00-22.00*

Beber

Cócteles y vistas

O Ferreira

40 B5

Este restaurante de temporada en la Ilha de Tavira también es ideal para tomar cócteles y reposar en las sillas de ratán frente a la duna. *9.00-19.00*

Arcada

41 F5

Bar elegante y con poca luz que sirve buenos cócteles y sangría; la terraza mira a la Praça da República. *11.00-24.00 ma-do, hasta 2.00 vi-sa*

Música en vivo

Clube De Tavira

42 F6

Una escalera decorada asciende a un salón de estilo antiguo, con juegos de mesa y una original terraza-jardín. Consúltense horarios de los conciertos de *jazz* y las *jam* en Facebook. *Horario variable*

Tavila Café

43 F4

Animado local donde disfrutar de bandas en vivo y vinos generosos. *10.00-24.00*

The Black Anchor

44 F4

La amplia terraza junto al río de este típico *pub* irlandés invita a una pinta al atardecer, cuando actúan artistas locales. *12.00-1.00*

Bares de azotea

Rooftop Nomad Bar

45 F3

Cócteles al atardecer y panorámicas de Tavira, las salinas y la Ria Formosa desde este alto bar de hotel. *17.00-24.00*

A Ver Tavira

46 F5

Este restaurante con estrella Michelin es todo un lujo, pero en el bar panorámico se sirven aperitivos y cócteles más asequibles. *12.00-15.00 y 19.00-22.00 ma-sa*

Comprar

Artesanía y cerámica

Atelier Carmo Saúde

47 F6

En la pequeña galería artesanal de Carmo se pueden admirar sus azulejos y recuerdos de cerámica hechos a mano. *11.00-17.00 lu-vi*

Casa do Artesão

48 F5

Los productos artesanales de esta tienda gestionada por una asociación cerca del castillo llevan el nombre del artesano local. *10.00-17.00 lu-vi*

Mercados

Mercado Municipal

49 B4

El animado mercado principal de Tavira (no confundir con el antiguo edificio ribereño) es excelente para adquirir productos frescos y pescado, además de aceite y miel locales. *7.00-13.00 lu-sa*

Feira de Velharias

50 H2

El segundo sábado de cada mes, Vila Real de Santo António acoge un mercadillo de antigüedades en la Praça Marquês de Pombal. *8.00-17.00*

★ **MERECE LA PENA**

Por el Guadiana

La vida junto al río Guadiana, frontera natural entre el Algarve y Andalucía, es alegre y tranquila. Lejos quedan los días del contrabando, aunque se conservan historias y fortalezas de épocas turbulentas. Hoy aguardan paseos fluviales, poblaciones ancladas en el tiempo, salinas y algunas sorpresas.

CONSEJO
Se puede alquilar un coche o una bici, hacer una excursión en barco de un día o caminar los 66 km de la Grande Rota do Guadiana. Los autobuses de Vamus conectan las ciudades, con horarios limitados entre semana. Los trenes llegan a Vila Real de Santo António.

Escanea este código QR para mapas de las rutas de senderismo y ciclismo del río Guadiana.

Vila Real de Santo António

Prácticamente engullida por el mar, **Vila Real de Santo António** fue reconstruida en el s. XVIII siguiendo algunos principios de la trama lisboeta posterior al terremoto de 1755. El trazado pombalino de la ciudad es más evidente en los alrededores, con *calçadas portuguesas*. Se puede dedicar 1 h a disfrutar del mercadillo bimensual **Feira de Velharias** (p. 67) y visitar el pequeño **Arquivo Histórico Municipal António Rosa Mendes** *(cm-vrsa. pt; do cerrado),* que documenta la historia atunera local con etiquetas de envases, maquetas de barcos y herramientas tradicionales.

Aventura río arriba

Vila Real es un excelente punto de partida para conocer el tramo navegable del Guadiana. En **818 Centro Náutico** *(818.pt; precio variable),* el patrón Max y su perro de aguas Nó (que está aprendiendo a escuchar a los delfines) ofrecen excursiones en barco, alquiler de kayaks y motos acuáticas. **Transguadiana** *(transguadiana.com; adultos/niños 63/43 €)* organiza excursiones en barco de un día completo río arriba hasta Alcoutim, y **Riosultravel** *(riosultravel.com; adultos/niños 58/32 €)* paseos más cortos con comida en una granja de Foz de Odeleite. En Alcoutim, **Fun River** *(fun-river.com;*

SOPOTNICKI/SHUTTERSTOCK ©

1,50 € ida) opera un ferri a Sanlúcar de Guadiana (8.00-20.00 cada hora aprox.) y alquila kayaks.

La Castro Marim medieval

El **Castelo** de Castro Marim *(cm-castromarim.pt; adultos/niños 1,10/0,55 €)*, del s. XIII, es la fortaleza medieval de la ciudad, sobre una colina. Entre sus murallas se halla el castillo original, con cuatro torres y uno de esos truculentos museos de tortura en miniatura. Es rústico y está ligeramente cubierto de maleza; en verano, abundan las serpientes. En la colina de enfrente se encuentra el **Forte de São Sebastião,** del s. XVII, accesible solo durante las **Jornadas Medievales de Castro Marim.** En este festival de fines de agosto, la ciudad fortificada retrocede en el tiempo con puestos de hidromiel, danzarines tragafuegos y espectáculos con trajes de época. El restaurante **Velho Cavalinho Taberna Medieval** *(lu-vi 11.00-19.30, sa hasta 21.30)* ofrece canciones, danzas y trajes medievales a la luz de las velas todo el año.

BAÑARSE EN EL INTERIOR
Es posible bañarse en la playa fluvial de Alcoutim, la Praia Fluvial do Pego Fundo, donde el chiringuito de temporada, **Tá-se Bem** *(10.00-22.00)*, sirve aperitivos y helados, y acoge grupos musicales en verano.

Recolección de sal y baño de lodos

Frente a Castro Marim, la **Reserva Natural do Sapal de Castro Marim e Vila Real de Santo António** (a 3 km a pie desde la estación de tren de Vila Real) es un tapiz de salinas frente a España y la reserva natural más antigua del Portugal continental. De la mano de Jorge, de **Salmarim** (*salmarim.com; previa reserva; precio variable*), se aprende a recolectar a mano la flor de sal y a recoger los cristales flotantes con una ancestral red de madera. Tras la dura mañana de trabajo, se cruza la carretera hasta **Agua Maé** (*aguamae.pt; en temporada; desde 8 €, lu y ma cerrado*) para disfrutar de un baño de lodos salados.

El río del dragón azul

Apodado así por su aspecto aéreo, el **Barragem de Odeleite** es menos espectacular de lo que su nombre indica. Se trata de una tranquila masa

de agua, sin más urbanización que la pequeña aldea de Odeleite, un lugar apacible para pasear y practicar surf de remo, que puede organizarse, incluidos los traslados desde Tavira, con **Eolis** *(kitesurfeolis.com; 80 €)*. Los interesados en este río en forma de dragón obtendrán una vista aérea con los breves vuelos panorámicos en girocóptero de **SkyXpedition** *(skyxpedition.com; desde 99 €)*.

Ruta de los contrabandistas

Durante siglos, el comercio entre España y Portugal fluyó con libertad hasta la Guerra Civil, cuando el contrabando se convirtió en norma. Un floreciente negocio clandestino transportaba tabaco, café, coñac y perfumes a través del río en plena noche. Muchos contrabandistas fueron capturados, se pagaron sobornos y las ciudades hermanas de **Alcoutim** y Sanlúcar de Guadiana –donde el río es más estrecho– desarrollaron una relación única. Cada dos años, en marzo o abril, esta historia compartida se revive en el **Festival do Contrabando** *(cm-alcoutim.pt)*, de tres días, al que acuden miles de personas para cruzar un puente flotante provisional, ver recreaciones del contrabando y darse un festín de platos tradicionales. Al sur de Alcoutim, el **Museo Fluvial** *(museudealcoutim.pt; 2,90/1,80 € incl. el castillo; do y lu cerrado)* muestra vídeos y exhibe maquetas de barcas fluviales.

Yacimientos arqueológicos de Alcoutim

Festivales aparte, Alcoutim es la ciudad menos poblada del Algarve y conserva su vida rural, aunque su papel histórico no es menor. Merece especial atención el **Museo de Arqueología del Castelo** *(museudealcoutim.pt; 2,90/1,80 € incl. el Museo Fluvial)*, del s. XIV, tanto por sus panorámicas murallas como por la colección de juegos de mesa islámicos hallados en las cercanías, así como el **castillo viejo de Alcoutim,** al que se llega tras una caminata de 1 km cuesta arriba.

UNA TIROLINA INTERNACIONAL
La tirolina internacional de temporada de **Limite Zero** *(limitezero.com; desde 25 €)*, única en el mundo, cruza la frontera y un huso horario desde Sanlúcar de Guadiana hasta Alcoutim a 70 km/h.

Sugerencias
de lugares para
comer, beber
y comprar en
p. 85

Explora
Loulé y el interior

Firme defensor de su patrimonio y de la artesanía, Loulé ha evolucionado sin perder su esencia. Una red museística de talleres ancestrales jalona el centro, las citas culturales proliferan y en su mercado semanal los protagonistas son los productos agrícolas y no las baratijas. Es hogar de uno de los únicos minaretes en pie del Algarve y de los únicos baños islámicos (conocidos) de Portugal, testimonios de la antigua al-Ulya musulmana. Más allá, las dehesas de alcornoques conducen a la silenciosa Serra do Caldeirão, donde aldeas atemporales y tradiciones ancestrales no pierden vigencia.

Cómo desplazarse

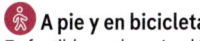 **A pie y en bicicleta**
Es factible explorar Loulé y los pueblos de la Serra do Caldeirão a pie por las rutas de senderismo y ciclistas que surcan la campiña.

Automóvil
Con un transporte público interior limitado, alquilar un coche es la mejor forma para combinar paisajes y pueblos en un solo día.

 **Autobús**
Los autobuses de Vamus conectan la estación central con Almancil (85), Alte y Salir (83) y São Brás de Alportel (90) entre semana. La estación de tren de Loulé está a 6 km a pie; la conexión gratuita de autobús no siempre es fiable.

Mercado municipal (p. 83).
TRAVELVIEW/SHUTTERSTOCK ©

LO MEJOR

ENCLAVE HISTÓRICO
Banhos Islâmicos de Loulé
(p. 82)

ARTESANÍA
Talleres de Loulé Criativo
(p. 76)

MERCADO
Mercado municipal (p. 83)

PUEBLO
Alte (p. 84)

EXPERIENCIA INESPERADA
Mina de sal gema de Loulé
(p. 83)

N

0 — 4 km

1

▲ Picota

▲ Rocha dos Soídos

Paisagem Protegida Local da Rocha da Pena

Ribeira do Freixo Seco

Penina

Pena

Salir **20**

24

2

Alte **16** **17**

≋ *Fonte Grande* **11**

Ribeira de Alte

Benafim

Nave do Barão **10**

Nave do Barão

3

Loulé

Palácio Gama Lobo

0 — 200 m

R. Nossa Senhora de Fátima

R. João Lúcio

R. de Portugal

R. Nossa Senhora de Fátima

Talleres de Loulé Criativo **23**

R. da São Domingos

Lg de São Francisco R. 5 de Outubro

R. Miguel Bombarda

R. do Poço

4

R. Condestável Dom.

Oficina de Caldeireiro

Ermida de Nossa Senhora da Conceição

13

Tv. da São Domingos

R. Ramalho Ortigão

Av. 25 de Abril

Nuno Álvares Pereira

da Barbacã

1

2 **21**

4 *Convento do Espírito Santo*

Museu Municipal

14

6

Casa da Empreita

Pç. da República

Rua Maria Campina

5

Banhos Islámicos de Loulé

7

15 Av. José da Costa Mealha

R. de S. Paulo

Oficina do Barro

22

R. 9 de Abril

R. da Altmeida Garrett

R. José F. Guerreiro

R. Adate Oliveira

Av. Marçal Pacheco

Mercado municipal

6

R. Martin Moniz

Lg da Matriz

Igreja Matriz de São Clemente **3**

OCÉANO ATLÁNTICO

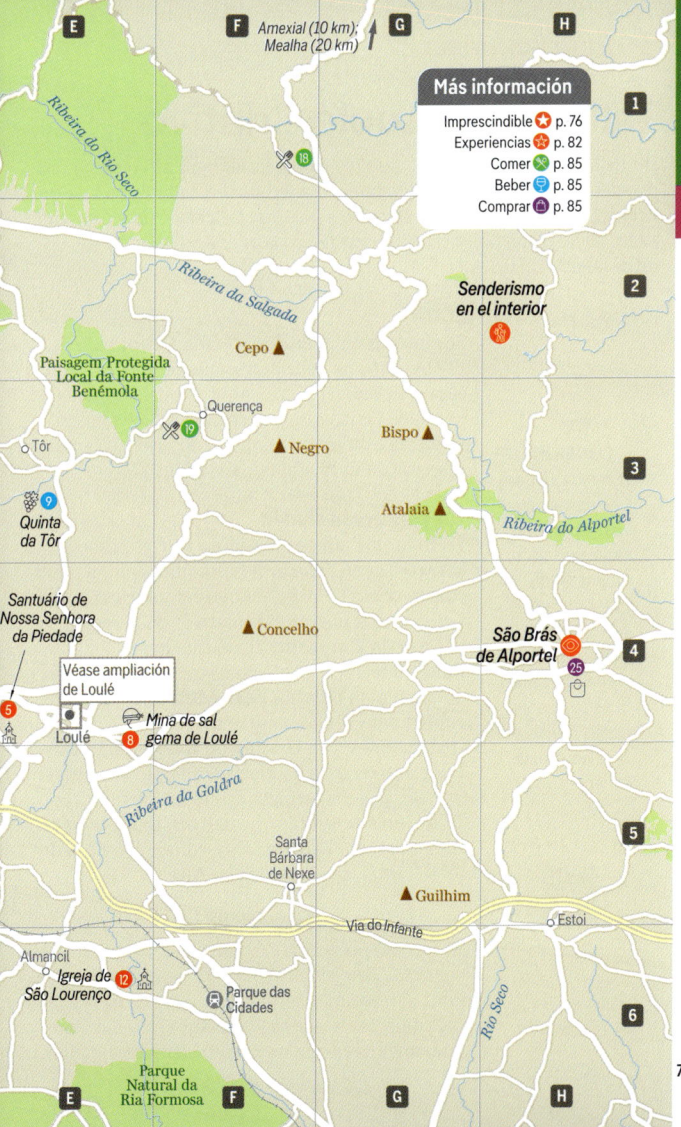

Amexial (10 km);
Mealha (20 km)

Más información

Imprescindible ⭐ p. 76
Experiencias 🌟 p. 82
Comer ✖ p. 85
Beber 🍷 p. 85
Comprar 🛍 p. 85

Ribeira do Rio Seco

Ribeira da Salgada

18

Senderismo
en el interior
🅿

Cepo ▲

Paisagem Protegida
Local da Fonte
Benémola

Querença
19

Bispo ▲

○ Tôr

▲ Negro

🍇 9
Quinta
da Tôr

Atalaia ▲

Ribeira do Alportel

Santuário de
Nossa Senhora
da Piedade

▲ Concelho

São Brás
de Alportel
25

🛍

Véase ampliación
de Loulé

5

🏛 Loulé

🔲

🏠 Mina de sal
8 gema de Loulé

Ribeira da Goldra

Santa
Bárbara
de Nexe

▲ Guilhim

Via do Infante

○ Estoi

5

Rio Seco

Almancil ○

Igreja de
São Lourenço
12 🏛

🅿 Parque das
Cidades

6

Parque
Natural da
Ria Formosa

Talleres de Loulé Criativo

Desde la creación de su feria en 1291, Loulé ha sido un referente en la preservación de la artesanía regional. La red de seis talleres de Loulé Criativo, conectados por un circuito a pie, y de talleres artísticos organizados tiene como objetivo preservar técnicas ancestrales en riesgo de desaparición.

PLANO: P. 74 **B4**

CONSEJO

Se puede visitar de martes a viernes, ya que algunos (todos de entrada gratuita) cierran de sábado a lunes y todos, a la hora de comer. Las clases y talleres requieren reserva previa *(loulecriativo.pt)*.

Escanea este código QR para horarios de los talleres y reserva de clases.

ECOA

Se empieza en el **Palácio Gama Lobo,** sede de ECOA (Espacio de Saberes, Oficios y Artes) en una casa señorial del s. XVIII. Aquí se puede obtener un mapa de la *rede de oficinas* ("red de talleres"), visitar la exposición temporal de arte y solicitar reservas de última hora para talleres.

Talleres por la ciudad

En todos los talleres se conoce a artesanos en activo y se pueden hacer preguntas. También funcionan como tiendas, aunque comprar es opcional. Los espacios más representativos de la región son la **Casa da Empreita** (tejeduría de palma), que muestra técnicas centenarias con palma corta autóctona; la **Oficina de Caldeireiro** (taller de cobre), para ver cómo se martillean las *cataplanas* tradicionales; y la **Oficina do Barro** (alfarería). Los estudios de relojería y el taller de lutieres (cita previa), aunque estrechamente relacionados con Loulé, no son tan representativos. El séptimo estudio, Casa do Esparto, de tejeduría con fibra de hierba local, se encuentra en **Alte** (p. 84).

Rienda suelta a la creatividad

El variado programa de talleres de Turismo Criativo *(desde 30 €)* incluye pintura de azulejos, tejido, bordado, cocina y repostería típica. Es aconsejable consultar los horarios y reservar antes del viaje, ya que muchos exigen un mínimo de participantes.

⭐ **IMPRESCINDIBLE**

Senderismo en el interior

La red de senderos del interior se adapta a cualquier nivel. Desde rutas sencillas (y ciclistas) en la región del *barrocal,* con *fontes* (arroyos), alcornoques, colinas de piedra caliza y flores silvestres primaverales, hasta excursiones más complejas en la Serra do Caldeirão, todas reflejan un Algarve imperecedero.

Senderos de fácil acceso
Los senderos más transitados están en la confluencia del *barrocal* con las estribaciones de la Serra do Caldeirão. El sencillo sendero Fonte da Benémola atraviesa 4,1 km de arroyos y antiguos molinos de agua por el sombreado y verde valle. Más difícil es el **PR18 LLE,** de 6,9 km, que rodea el acantilado calcáreo de Rocha da Pena (excelente escalada) y ofrece panorámicas y posibles avistamientos de águilas y grifos en otoño. Hacia el este, el **PR3 SBA,** de 7 km, de São Bras (cerca de la aldea de Lajes) muestra el inquebrantable Algarve interior: alcornoques, burros y típicas casas de piedra.

Festivales populares de senderismo
Los festivales comunitarios de senderismo *(algarve walkingseason.com)* ofrecen excursiones guiadas informativas. El pueblo de **Amexial,** cerca de la frontera con el Alentejo, acoge un gran evento anual en abril. De otoño a primavera, los apacibles senderos que se alejan del típico pueblo (y su piscina estival) ofrecen paseos por la región.

Percurso da Masmorra
La **ruta de Masmorra,** circular y poco convencional, de 6 km, parte de la silenciosa aldea de Mealha (a 1 h de Loulé). Es un paseo histórico y solitario que incluye *palheiros* (centenarios edificios de pizarra con tejados cónicos de paja) y el dolmen de Anta da Masmorra, un monumento de 12 piedras del s. III a.C.

PLANO: P. 74 **H2**

CONSEJO
Las oficinas de turismo disponen de mapas impresos (la cobertura es deficiente) y la mayoría de los senderos están señalizados. En verano llega a hacer un calor insoportable y las paradas de avituallamiento escasean. La Via Algarviana (p. 82) atraviesa la región.

Escanea este código QR para descripciones y mapas detallados de los senderos.

São Brás de Alportel

Con un trío de museos sobre la vida tradicional en el *barrocal,* São Brás de Alportel, es una excelente excursión de medio día. Dejando a un lado las exposiciones, pasear por la ciudad es una gozada, ya sea por una antigua calzada romana o por los cafés de la vieja escuela y las *pastelarias* con originales recetas.

PLANO: P. 74 **H4**

CONSEJO
Todos los museos están abiertos de martes a sábado. Para visitar la fábrica de corcho se precisa reserva; el autobús nº 65 de Vamus une São Brás con Eco-fábrica *(fin de semana reducido).*

Escanea este código QR para descargar mapas e información sobre los monumentos de la ciudad.

Museo del Traje

En la antigua mansión de un magnate del corcho con fachada de azulejos, el **Museu do Traje** *(museu-sbras.com; 2,50 €; solo efectivo)* exhibe una impresionante colección de trajes típicos de los ss. XIX y XX. Una visita con audioguía, elementos inmersivos e información sobre política y sociedad complementan la colección de prendas, aunque solo se muestra parte del fondo: el resto permanece almacenado, visibles solo una vez al mes. El patio y las antiguas salas de carruajes están dedicados a la industria del corcho, y custodian herramientas y carros tirados por burros.

Calzadas romanas

El paseo por la memoria prosigue en la pequeña exposición del **Centro Explicativo da Calçadinha** *(cm-sbras.pt; gratuito)* sobre la antigua ruta comercial romana. El principal aliciente es recorrer a pie las erosionadas piedras romanas; detrás del centro se accede a un tramo de 1480 m de la ruta.

La carretera N2

Para saber más sobre las carreteras más modernas del país se impone visitar la **Casa Memória de EN2** *(visitsaobrasalportel.pt; 2 €)*. En la antigua casa de mantenimiento de carreteras, dedicada

Museu do Traje.
MAURO RODRIGUES/SHUTTERSTOCK ©

a la más larga de Portugal, la N2, que recorre el país de norte a sur, se exponen herramientas, documentación e imágenes. La información está en portugués. Después, se puede recorrer el sinuoso camino salpicado de miradores hasta Amexial y la frontera regional con el Alentejo, o más allá.

Fábrica de corcho

São Brás de Alportel está rodeada de dehesas de alcornoques productores del corcho que proporcionó a la ciudad gran parte de su riqueza en el s. XIX. Para conocer el proceso de recolección y producción del corcho, se recomienda la **Eco-fábrica de Cortiça** *(eco-corkfactory.com; adultos/niños 16,50/8,50 €; 11.30),* donde se fabrican desde tapones de botellas hasta artículos de moda.

UNA PAUSA
La **Pastelaria Dofir** *(8.00-15.00)* elabora excelentes pasteles tradicionales y almuerzos ligeros. Para una cena de calidad, se recomienda **Ysconderijo** *(lu-vi 19.00-23.00).*

CIRCUITO EN AUTOMÓVIL

Aldeas de la Serra do Caldeirão

Esta excursión de un día recorre los pueblos y miradores de la Serra do Caldeirão, permitiendo asomarse a la tradicional vida lejos de la costa y explorar ruinas de castillos, aldeas en las colinas y museos diminutos. La mayoría de estos últimos cierra el fin de semana.

INICIO	FINAL	DURACIÓN
Querença	Alte	49 km; 1¼ h

❶ Bonita plaza de la iglesia

Se empieza desayunando en la terraza del **Cafe D. Rosa** de Querença, un entrañable pueblo en un cerro en torno a la plaza de la iglesia. Se puede visitar el Polo Museológico da Água, un diminuto museo con norias antiguas y enseres históricos relacionados con las vías fluviales de la zona. El personal del museo custodia la llave de la iglesia.

❷ Visita a una bodega

Se aconseja llegar a la **Quinta da Tôr** antes de las 11.00 para realizar una visita (previa reserva) o acercarse (sin reserva) para disfrutar de una cata con vistas a los viñedos. A poca distancia se encuentra el río Benémola y Ponte de Tôr, un puente medieval reconstruido de tres arcos presente en el logotipo de la bodega.

❸ Ruinas de un castillo

Se continúa hasta **Salir,** un pueblo más grande y con más ambiente, en un bonito valle. Se visitan los restos del castillo morisco del s. XII en el pequeño Polo Museológico de Salir (si está cerrado, se puede acceder a las ruinas por el camino lateral) y después se pasea hasta la bonita plaza de la iglesia para comer. Se recomienda aparcar en la Rua José Viegas Gregório.

❹ Paisaje con banderas de oración

El desvío hacia la **estupa budista,** construida en el 2008, serpentea por las montañas, entre diminutas aldeas y verdes parajes. Del todo inesperado, tanto desde el punto de vista geográfico como cultural, el monumento que corona la cresta brinda amplias panorámicas, sembradas de banderas de oración ondeando al viento.

❺ Vida rural

Hay poco que ver en la vetusta **Penina** y ahí reside en gran parte su atractivo. El diminuto pueblo cuenta con una casa rural típica de dos habitaciones que hace las veces de museo y en la que se exponen herramientas ancestrales y menaje tradicional. Después, se pueden recorrer las estrechas y encaladas calles repletas de macetas (mejor evitar el coche y aparcar fuera) hasta el café comunitario.

❻ Pueblo con cascada

Para terminar, en el idílico **Alte** (p. 84) se visitan las *fontes* (arroyos), los molinos y algunos talleres de artistas. La cascada de **Queda do Vigário** es ideal para un baño antes de cenar al atardecer frente a los naranjales. Otra opción es regresar a Loulé por **Paderne** (p. 96).

EXPERIENCIAS

La colección del museo del castillo   MUSEO

PLANO: **1** P. 74 **B5**

El **Museu Municipal** (*museude loule.pt; 1,62 €*) introduce al viajero en la historia de Loulé. Parcialmente ubicado en el castillo morisco reconstruido, la planta baja (con paneles en braille y una rampa) se centra en objetos romanos e islámicos hallados en la zona. En la planta superior hay una sala decorada como una cocina tradicional. La puerta del fondo da acceso a una torre exterior del castillo y a las murallas.

Templos reimaginados   IGLESIAS

Las iglesias de Loulé deparan sorpresas. Frente al museo, la diminuta **Ermida de Nossa Senhora da Conceição** (PLANO: **2** P. 74 **B5**), del s. XVII, está cubierta de azulejos azules y blancos. Bajo el suelo de cristal se descubren los cimientos de la antigua muralla árabe. La **Igreja Matriz de São Clemente** (PLANO: **3** P. 74 **B6**), construida en el enclave de una mezquita de la antigua medina, conserva su minarete, uno de los

únicos ejemplos de la región. En cuanto a la cultura, el antiguo **Convento do Espírito Santo** (PLANO: **4** P. 74 **B5**), del s. XVII, ha renacido como una modesta galería de arte con una cafetería en el umbrío claustro. Lo más inusual es la gran cúpula blanca que se eleva desde una colina a las afueras de la ciudad. El **Santuário de Nossa Senhora da Piedade** (PLANO: **5** P. 74 **E4**), del s. XVI, es un templo curiosamente moderno situado junto al original, que destaca por su techo de madera pintada.

Visualizar el 'hammam'   YACIMIENTO ARQUEOLÓGICO

PLANO: **6** P. 74 **B5**

El descubrimiento arqueológico reciente más interesante de Loulé son los **Banhos Islâmicos de Loulé** (*museudeloule.pt; gratis, lu cerrado*). Abiertos en el 2022 tras extensas excavaciones, son el único ejemplo (conocido) de baños árabes en Portugal. El moderno museo construido alrededor de las excavaciones no es muy grande, pero las exposiciones y los paneles informativos, fáciles de entender, ayudan

 LA VIA ALGARVIANA

Este singular sendero de 300 km que atraviesa el Algarve comienza en **Alcoutim** (p. 71) y surca el interior hasta el **cabo de San Vicente** (p. 148). Dividido en 14 tramos de un día, siete recorren la Serra do Caldeirão. El sector 7, de Salir a Alte (16,4 km), es una alternativa exigente y gratificante al itinerario en coche que se propone. Los dos tramos a partir de Cachopo ofrecen la experiencia más intensa y paisajística. Una útil **app** (*viaalgarviana.org*) recopila los mapas de la ruta, alojamientos limitados (previa reserva) e instalaciones como duchas.

a hacerse una idea del aspecto que tuvieron los baños.

Mercado matinal MERCADO

PLANO: **7** P. 74 **C5**

Construido en 1908, el **mercado municipal de Loulé** *(lu-sa),* con portales moriscos arqueados, torres con cúpulas de cebolla y un arcoíris de telas, es el más famoso y extravagante de la región. Abundan los productos frescos y locales, junto a restaurantes de comida de mercado en el vestíbulo principal y las salas laterales. Los sábados por la mañana, el mercado está más animado y se despliega por las calles con puestos que venden de todo, desde miel con infusión de frutas hasta quesos caseros. Si se llega de fuera, merece la pena madrugar, ya que el aparcamiento es limitado.

Descenso a una mina de sal CIRCUITO

PLANO: **8** P. 74 **E4**

Hay que ponerse un casco y descender 230 m bajo tierra en un ascensor en forma de jaula en la **mina de sal gema de Loulé** *(techsalt.pt; adultos/niños 25/15 €, visita 2 h laborables).* Se descubre la historia de los explosivos que crearon esta mina de sal activa en 1964, se observa la maquinaria antigua y la nueva, y se contempla una inesperada galería de arte subterránea. Como la sal se destina principalmente a las carreteras y no al consumo humano, no hay degustación; para eso, hay que ir a **Castro Marim** (p. 68).

Celebraciones anuales de Loulé FESTIVALES/CELEBRACIONES

El calendario de eventos de Loulé es muy variado y casi ininterrumpido. Comienza con el **carnaval** más grande, ruidoso y colorido del Algarve, en febrero o marzo, que invade la avenida principal con enormes carrozas, comparsas y bandas de música. En Semana Santa, la solemne **Festa da Mãe Soberana** es una de las mayores procesiones de Portugal. En junio llega el **Festival MED,** una celebración de músicas del mundo, seguida del **Festival de Jazz** en julio. También se celebra el **Festival Al-Mutamid,** de ámbito regional, con actuaciones de música árabe. La web municipal *(visit-loule.pt)* publica la agenda completa.

Conocer a los 'vitiners' BODEGA

Cerca de Loulé, en el límite oriental de la **región vinícola de Lagoa** (p. 120), hay algunas bodegas. La más cercana es **Quinta da Tôr** (PLANO: **9** P. 74 **E3**; *quintadator.com; desde 15 €*), a 10 min en taxi. Se puede tomar una copa, realizar una cata o reservar una visita guiada *(11.00, 14.30);* la piscina es ideal cuando hace calor. Más allá, la pequeña aldea de **Nave do Barão** (PLANO: **10** P. 74 **D2**) acoge en marzo o abril el festival del vino de un día más divertido de la región. Las principales bodegas están presentes, pero conocer a los aldeanos y degustar sus "caldos caseros no comerciales", elaborados desde el s. XIII, lo hace memorable.

Las populares celebraciones anuales permiten sumergirse en la gastronomía, la cultura y las costumbres tradicionales del interior. En Querença, la **Festa das Chouriças** (enero) rinde homenaje a las morcillas e (irónicamente) a los santos patronos de los animales. São Brás de Alportel acoge uno de los eventos más singulares del Domingo de Resurrección, la **Festa das Tochas Floridas,** en la que alfombras de flores y antorchas decoran el pueblo. Por las mismas fechas, la **Semana Cultural de Alte** ofrece una visión de las costumbres ancestrales, reviviendo el folclore, los trajes y el tradicional baile del *corridinho,* hoy casi desaparecido. Y en julio, el festival medieval de **Salir do Tempo,** hace retroceder al pueblo en el tiempo.

Calles y arroyos de Alte
PUEBLO

PLANO: **11** P. 74 **B2**

Si solo se dispone de tiempo para visitar un pueblo del interior, se recomienda **Alte,** 30 min al noroeste de Loulé. Posiblemente la aldea rural más pintoresca del Algarve, aunque hoy ya figura en las rutas turísticas, esta estrecha aldea aferrada a una colina está formada por un grupo de bonitas calles empedradas y murales callejeros, incluida una bandera portuguesa gigante pintada en el desfiladero frente al pueblo. Los talleres artesanales incluyen la **Casa do Esparto,** donde se tejen las hojas de esta gramínea y que forma parte de los **talleres de Loulé Criativo** (p. 76), y la cercana y divertida **Fábrica de Brinquedos** (p. 85), que fabrica juguetes. Las principales atracciones son los cursos de agua que atraviesan el pueblo. En el lado norte, la **Fonte Grande** donde se crían patos pasa junto a pozos erosionados y un molino del s. XIII, y conduce a frondosos senderos. Cerca del cementerio, unas escaleras de madera llevan a la cascada **Queda do Vigário,** un bonito lugar de baño. Los campos de naranjos y las hermosas vistas se despliegan hacia el exterior; se puede caminar hasta el **Hotel Alte** para tomar una copa en su terraza.

Los azulejos de la iglesia de Almancil
IGLESIA

PLANO: **12** P. 74 **E6**

La diminuta **Igreja de São Lourenço** *(diocese-algarve.pt; 2 €, efectivo),* 10 min al sur de Loulé, no parece gran cosa, pero tras su discreto exterior se esconden azulejos blancos y azules desde el suelo hasta el techo. Obra de los dos maestros albañiles que construyeron la iglesia, los azulejos pintados a mano representan escenas religiosas, batallas y acontecimientos de la vida de São Lourenço, un contexto ilustrado en el folleto. Un altar dorado con todo lujo de detalles completa el espectáculo. La cercana **Pastelaria São Lourenço** *(cerrado do, lu mañana y durante el almuerzo)* es ideal para tomar algo mientras se espera a que abran.

Lo mejor para...

◐ Económico **◐◐** Medio **◐◐◐** Alto

Comer

En Loulé y Alte

Bocage ◐
 C4

Poco iluminado, con excelentes y variados *pratos do dia,* pescado a la parrilla y cerdo ibérico. *12.00-15.00 y 19.00-22.00 lu-sa*

Bica Velha ◐
 B5

Comedor con aspecto de cueva especializado en vinos locales y sabrosos platillos. *18.00-21.00 lu-sa*

Pregaria ◐
15 D5

Bocadillos locales con toques internacionales, como *bifanas* (cerdo) y *pregos* (ternera). *12.00-16.00 y 18.00-22.00 lu-sa*

Germano biciArte ◐
16 A2

Cafetería que funciona como parada para ciclistas y ofrece café, pasteles y tentempiés, y artículos de ciclismo. *9.00-19.00 ju-ma*

O Folclore ◐◐
17 A2

En este animado bar-restaurante destacan los filetes;

el balcón trasero da a un naranjal. *9.00-23.00 lu-sa*

Paradas de la Serra do Caldeirão

Casa dos Presuntos ◐
18 F1

En la N2, este bar y cafetería de carretera sirve *presunto* (jamón serrano) recién cortado, copiosas comidas y tentempiés. *7.00-23.00*

Cafe D. Rosa ◐
19 F3

Perfecto para una cerveza fría o un almuerzo ligero en la bonita plaza de la iglesia de Querença. *10.00-22.00*

A Villa ◐◐
20 D2

Excelente parada en Salir tras la caminata, con abundante comida típica del interior, como guisos de cordero, carnes a la parrilla y pollo piri-piri. *11.00-15.00 y 18.30-22.00 mi-do*

Beber

Esenciales en Loulé

Café Calcinha
21 B5

Cafetería *art déco* ideal para un café con estilo

o actuaciones ocasionales de fado. *8.00-23.00 ma-do*

O Postigo
22 B5

Este animado y diminuto bar en una esquina acostumbra a estar animadísimo. *11.00-24.00 ma-sa*

Comprar

Artesanía

Projecto TASA
23 A4

Tienda artesanal con cerámica y objetos de madera. *lu-vi 9.30-17.00*

Fábrica de Brinquedos
24 A2

Cerca de Alte, un taller de juguetes regionales de madera en una antigua escuela. *9.00-12.00 lu-vi*

Centro de Artes e Ofícios
25 H4

La oficina de turismo de São Brás de Alportel tiene una pequeña tienda de artesanía en la que a veces se ve trabajar a los tejedores. *lu-vi 9.00-17.00, 10.00-13.00 sa-do*

Localizaciones en el plano de la **p. 74**

85

Sugerencias
de lugares para
comer, beber
y comprar en
p. 98

Explora
Albufeira y alrededores

En la década de 1960, Albufeira aprovechó el auge de las ofertas vacacionales de sol y playa. El tradicional pueblo de pescadores se desvaneció con rapidez dando paso a una ciudad y, en 1986, se completó su metamorfosis en el complejo playero más desarrollado del Algarve. Pero al igual que se reinventó tras la caída de la Al-Buhera árabe y el devastador tsunami de 1755, la ciudad prosigue su lenta evolución. Han surgido nuevos centros culturales, hoteles-*boutique* y una galería de arte subacuática, y las bodegas y los restaurantes de alta cocina ofrecen alternativas a la (tristemente) famosa zona para despedidas de soltero. Cerca se encuentran el puerto deportivo de Vilamoura, las ruinas romanas, el paseo marítimo de Salgados y la Armação de Pêra.

Cómo desplazarse

 A pie

El casco antiguo es, en gran parte, peatonal. Una escalera mecánica exterior y un ascensor (cuando funcionan) conectan los miradores con la playa.

 Autobús

La estación principal (para Vilamoura, Armação de Pêra y más allá) está a 2 km a pie o en autobús del centro. Los buses de Giro de Albuferia (la mayoría accesibles con rampas) al puerto deportivo, Oura, Olhos de Água y Galé paran cerca del casco antiguo.

 Tren

La estación de Albufeira-Ferreiras está a 5 km del centro; hay un autobús cada hora.

Playa, Albufeira (p. 90).
UNAI HUIZI PHOTOGRAPHY/SHUTTERSTOCK ©

LO MEJOR

BUCEO
EDP Art Reef (p. 94)

PLAYA
Calas solitarias
en kayak (p. 90)

BODEGA
Quinta do Canhoto (p. 95)

AVES
Lagoa dos Salgados (p. 97)

MUSEO DE HISTORIA
Museo de Historia
de Quarteira (p. 96)

Albufeira

R Alves Correia

Pç Miguel Bombarda

Centro de Artes

Museu Municipal de Arqueología

5

32

30

Museu de Arte Sacra

1

23

2

R da Bateria

Praia dos Pescadores

26

R Dr Diogo Leote

R Sancha Barros

22

R Coronel Águas

OCÉANO ATLÁNTICO

Lg do Rossio

21

0   400 m

Tunes

Via do Infante   Via do Infante

Alcantarilha

Guia

Pera

Ferreiras

19

Ribeira de Espiche

Armação de Pêra

28

29

18

Fortaleza de Armação de Pêra

Lagoa dos Salgados

17

Ribeira de Ferreiras

Estrada das Ferreiras

53

Easy Divers

Puerto deportivo de Albufeira

4

Albufeira

Véase ampliació de Albufeira

Praia da Galé

Praia do Evaristo

Praia do Ninho de Andorinha

27

Praia de São Rafael

EDP Art Reef

3

N
0 ————————— 4 km

Más información

Imprescindible	p. 90
Experiencias	p. 94
Comer	p. 98
Beber	p. 99
Comprar	p. 99

Ribeira de Algibre

Casa do
Acordeão
16

Paderne

Autoestrada do Sul

24

Estrada de Paderne

15 Castelo de
Paderne

Parragil

Vía do Infante

Fonte de
Boliqueime

6
Quinta do
Canhoto

Longo
Lounge
9

20
8 7

Libertos

*trip
e Oura*

13 Albufeira
Riding Centre

Olhos
de Água

Praia de
Santa
Eulália

Playas y
excursiones
en barco

Ribeira de Quarteira

Praia da
Falésia

Family
Golf Park

Cerro da
Vila
14
11
31
25
12

Museo
de Historia
de Quarteira
10

Quarteira

OCÉANO
ATLÁNTICO

Playas y excursiones en barco

Albufeira tiene playas y excursiones en barco para todos los gustos. A las puertas del casco antiguo se encuentran la popular Praia do Peneco, a la que se accede por el túnel, y la adyacente Praia dos Pescadores. Un poco más lejos hay costas y calas escarpadas menos visitadas, que se exploran mejor en barco o kayak.

PLANO: P. 88 **F5**

CONSEJO
Las playas del casco antiguo de Albufeira tienen socorristas todo el año, a diferencia de la mayor parte de la región. Las excursiones en barco, sobre todo a Benagil, se llenan a menudo, así que conviene ser flexible.

Escanea este código QR para reservas de excursiones en tablas de surf de remo, kayak y *coastering* por Albufeira.

Playas
Todas las playas de Albufeira son preciosas y a muchas se puede acceder a pie por escarpados senderos. Al este, la bonita **Praia de Santa Eulália** suele estar abarrotada. Para mayor holgura se puede ir en coche o autobús (Giro 6) hasta la **Praia da Falésia,** un aclamado arenal de 6 km con acantilados ocres que se extiende hasta Vilamoura. Hacia el oeste, la costa es increíblemente pintoresca en torno a la **Praia do Ninho de Andorinha,** en forma de cueva y de difícil acceso, y la **Praia do Evaristo,** famosa por sus formaciones rocosas y pozas. El moderado sendero (no oficial) de 10 km, principalmente por acantilados, entre la **Praia dos Arrifes** y Galé, atraviesa fotogénicas bahías. Albufeira cuenta con una docena de playas accesibles, entre ellas la **Praia dos Pescadores** y la **Praia da Galé,** con aseos y sillas de ruedas anfibias.

Deportes acuáticos
La Praia da Galé (principal centro de surf de la zona), Oura y Santa Eulália cuentan con centros de deportes acuáticos que ofrecen alquiler de motos acuáticas, barcas a pedales y divertidas atracciones. Con un kayak de alquiler se llega a los arenales del oeste de Praia dos Arrifes, imposibles de acceder de otro modo. **Albufeira Surf Sup** (*albufeirasurfsup;*

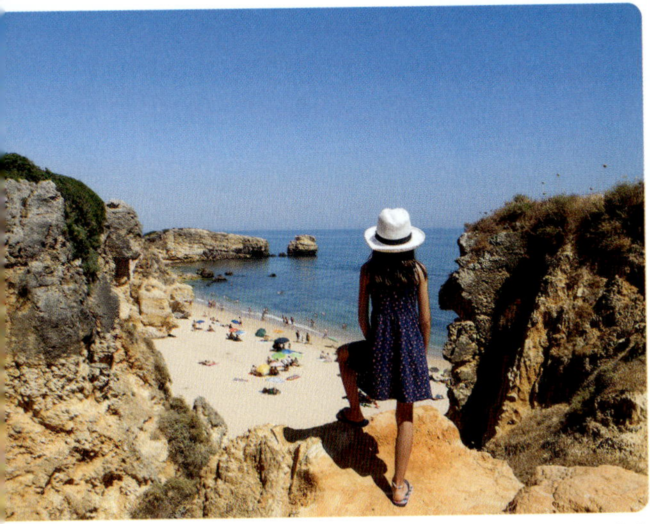

Praia de São Rafael.

desde 35 €), con sede en la **Praia de São Rafael,** ofrece excursiones en grupo de 2-3 h en kayak o tablas de surf de remo; también alquila kayaks *(15 €/h),* tablas de surf y de surf de remo y trajes de neopreno.

Excursiones en barco

Desde el colorido **puerto deportivo de Albufeira,** repleto de restaurantes, parten infinidad de excursiones en barco, para avistar delfines, cruceros en catamarán y visitas a la **cueva de Benagil** (p. 104). Los barcos más pequeños de **X Ride** *(xridealgarve. com)* son preferibles a los grandes para explorar cuevas. **AlgarExperience** *(algarexperience.com)* organiza excursiones a cuevas en un catamarán con rampa de acceso y aseos adaptados; se recomienda confirmar al hacer la reserva.

UNA PAUSA
La mayoría de las playas cuenta con un bar (normalmente más caro). Las opciones más exclusivas para comer incluyen **Villa Joya Sea de Galé** (la hermana pequeña de fusión del restaurante Michelin del hotel) y **Maré de Pine Cliffs.**

🚶 **CIRCUITO A PIE**

Casco antiguo de Albufeira

La historia de Albufeira quizá aparece difuminada por el *boom* turístico de la ciudad, pero en este paseo aún se encuentran vestigios, como *miradouros* (miradores), restos árabes y espacios culturales. En este itinerario se percibe el lado más apacible del casco antiguo. Hay que contar con tiempo para visitar los museos y galerías.

INICIO	FINAL	DURACIÓN
Mirador de Albufeira	Miradouro do Pau da Bandeira	1,8 km; 1 h

1 Vistas de la playa

Desde el **mirador de Albufeira** se divisan los acantilados que dividen en dos la arena dorada. Es difícil de imaginar hoy en día, pero estas rocas coronadas por castillos dieron a la ciudad su nombre árabe, Al-Buhera ("castillo sobre el mar").

2 Arte sacro

Siguiendo el camino elevado, se parte en busca de las reliquias que aún se conservan. Se pasa junto al mural de azulejos que retrata a antiguos caballeros y se llega al pequeño **Museu de Arte Sacra** (visita 20 min).

3 Plaza central

Bajando por la carretera, se puede curiosear la pequeña exposición del **Centro de Artes** antes de llegar al **Jardim Público de Albufeira,** la plaza principal del casco antiguo. No hay que olvidar la **Galería de Arte Pintor Samora Barros,** en honor de un artista local, donde suele haber una exposición temporal gratuita relacionada con Albufeira, y aseos públicos.

4 Descubrimientos históricos

Se pone rumbo al túnel de Albufeira, que se extiende hasta la playa. Pero en lugar de dirigirse a la costa, se suben las escaleras para ver los hallazgos arqueológicos del **Museu Municipal de Arqueologia.** Enfrente, un área cercada delimita los restos de las murallas de una casa morisca, parte del antiguo castillo. Tomando la **Rua Henrique Calado** se distinguen los únicos vestigios de la muralla del castillo en la esquina más alejada.

5 Conchas y marisco

Volviendo al camino que da al mar, antiguo frente del castillo, se continúa hacia la **Porta de Sant Ana,** decorada con conchas, una de las tres antiguas puertas destruidas en su mayor parte por el terremoto de 1755. Actualmente la ocupa el pequeño bar Portas Da Villa Antiquity. Tras un refrigerio, se gira a la derecha al final de las escaleras hacia **Cais Herculano,** un edificio abierto que fue utilizado como mercado de marisco cuando la playa era un centro pesquero.

6 Bonita panorámica

Tras detenerse en el **Monumento ao Pescador** e intentar imaginar la Praia dos Pescadores antes del turismo, salpicada de coloridas barcas en lugar de toallas de playa, se sube por la escalera mecánica exterior hasta el Miradouro do Pau da Bandeira. Desde allí, se debía divisar el castillo.

EXPERIENCIAS

Conocer la historia de Albufeira

MUSEOS

La historia y la cultura se ofrecen en pequeñas dosis en los dos principales museos de Albufeira. La Igreja de São Sebastião alberga el **Museu de Arte Sacra** (PLANO: ❶ P. 88 **B2**; *adultos/niños 3/2 €, cerrado mi*). La exposición incluye un pequeño conjunto de azulejos religiosos del s. XVI pintados a mano, atuendos eclesiásticos del s. XX bordados en oro y un llamativo altar de jade azul. El **Museu Municipal de Arqueologia** (PLANO: ❷ P. 88 **C2**; *cerrado lu*), comienza con una proyección cronológica informativa de la zona. Las dos plantas restantes (con suelo táctil y ascensor) albergan hallazgos arqueológicos que van de la Prehistoria hasta nuestros días, como un mosaico romano y parte de un silo islámico.

Bucear para ver arte sumergido

SUBMARINISMO

Tanto si ya se tiene titulación como si es la primera vez que se bucea, hay dos grandes razones para sumergirse en Albufeira: el mayor arrecife natural de Portugal y el **EDP Art Reef** (PLANO: ❸ P. 88 **D6**), creado en el 2023. La obra del artista callejero portugués Vhils, que contiene esculturas creadas a partir de una central eléctrica desmantelada, es un arrecife artificial a poca profundidad, lo que facilita su exploración en una primera inmersión.

Easy Divers (PLANO: ❹ P. 88 **D5**; *easydivers.pt; 100 €*), con una sucursal en el puerto deportivo, da clases de iniciación en su piscina de entrenamiento cubierta antes de lanzarse al agua. Es un equipo profesional y veterano, con un instructor por cada dos alumnos y especial atención a los niños. Al reservar, hay que confirmar el horario si se desea bucear en el arrecife, aunque la inmersión final depende de las condiciones del mar ese día.

 **RECETAS REGIONALES DE MARISCO**

El *bacalhau* (bacalao salado) es una obsesión nacional en Portugal, aunque no se pesca en el país, sino que procede principalmente de Noruega. Para probar las verdaderas especialidades marineras locales, se recomienda la versión de Olhão del *xerém de conquilhas,* gachas de maíz de influencia morisca comparable a las de avena; las *conquilhas à Algarvia,* coquinas recolectadas con marea baja, cocinadas con ajo, cilantro, limón y aceite; y la *muxama,* una especialidad de atún curado en sal. De abril a octubre, las *sardinhas assadas* ("sardinas asadas") son muy apreciadas, sobre todo en las fiestas de verano. Abundan los arroces marineros, aunque el *lingueirão del Algarve* (con navajas) se lleva la palma.

Participar en un taller creativo

ARTESANÍA

PLANO: **5** P. 88 **B1**

El **Centro de Artes** *(cm-albu feira.pt, cerrado do)*, inaugurado en el 2023 en los antiguos juzgados de la ciudad, pretende devolver el patrimonio artístico al casco antiguo. Alberga un pequeño espacio de exposiciones temporales y estanterías con artículos de artesanía local en venta. Anna, la encargada, siempre está dispuesta a explicar los métodos artesanales utilizados. El centro organiza diversos talleres todo el año, desde clases de cerámica de un día hasta lecciones de tejido de varios días; conviene consultar los horarios en línea y reservar con antelación.

Visita a Urban Vines

BODEGA

PLANO: **6** P. 88 **E4**

La **Quinta do Canhoto** *(quinta docanhoto.com; desde 25 €)*, a 15 min en taxi del casco antiguo, es un auténtico negocio familiar: el llamativo edificio bioclimático de fachadas blancas también fue diseñado por un miembro de la familia. Las familias son especialmente bienvenidas en verano, cuando el equipo organiza actividades infantiles de pintura para que los padres puedan disfrutar de la visita. Los circuitos a los viñedos se realizan los laborables y terminan con la degustación de cuatro vinos. También es posible hacer un pícnic entre las viñas, pero, igual que para las visitas, es necesario reservar.

LO MEJOR PARA NIÑOS

Aquashow

PLANO: **12** P. 88 **H5**

El colosal parque acuático de Quarteira cuenta con atracciones, toboganes y una zona cubierta todo el año *(aquashowpark.com; adultos/niños 33/24 €)*.

Albufeira Riding Centre

PLANO: **13** P. 88 **E5**

Los mayores de seis años pueden unirse al Pony Club los sábados por la mañana *(albufeiraridingcentre. com; 30 €)*.

Family Golf Park

PLANO: **14** P. 88 **H5**

Dos campos de minigolf temáticos de 18 hoyos en Vilamoura *(familygolfpark.pt; desde 11 €)*.

De fiesta en el Strip de Oura

VIDA NOCTURNA

Descarado, lleno de neón y no apto para todos los públicos, la **Strip de Oura** (PLANO: **7** P. 88 **E5**) es la célebre calle de Albufeira donde la cerveza fluye a raudales. Entre los animados bares, hay algunos rincones más tranquilos, como **Connection** (véase **7** P. 88 **E5**), el principal local LGTBIQ+, situado en un balcón del 1er piso; **Libertos** (PLANO: **8** P. 88 **E5**), un jardín de cócteles a la sombra de los árboles (al anochecer); y el cercano **Longo Lounge** (PLANO: **9** P. 88 **E5**), de ambiente más local y relajado.

Vivir la historia en Vilamoura y Quarteira MUSEOS

Una al lado de la otra, Vilamoura, el puerto deportivo más grande del país y un complejo costero de lujo, y la ciudad de Quarteira, son opuestas, pero comparten historia. El informativo **Museo de Historia de Quarteira** (PLANO: ⑩ P. 88 H6; *gratis, cerrado lu*) se sumerge en los 6000 años de la zona y exhibe hallazgos arqueológicos. Pero lo más interesante es una narración de la comunidad local sobre las cabañas de pescadores perdidas hace mucho tiempo y la construcción de Vilamoura. Tras el espléndido puerto deportivo, la lujosa villa original de la zona es el yacimiento arqueológico romano de **Cerro da Vila** (PLANO: ⑪ P. 88 H5; *vilamouraworld.com; adultos/niños 4/2 €*), aunque solo se conservan los muros de la base y algunos mosaicos.

Pueblo y castillo de Paderne PATRIMONIO

Paderne, 20 min al interior desde Albufeira, es un mundo aparte. Se puede visitar el **Castelo de Paderne** (PLANO: ⑮ P. 88 F3), una fortificación árabe de tierra compactada del s. XII y uno de los siete castillos que figuran en la bandera portuguesa. Aunque suele estar cerrado –la oficina de turismo de Albufeira organiza visitas ocasionales los miércoles–, hay un sendero en bucle de 3 km que une el castillo, un puente medieval de tres arcos en ruinas y un antiguo horno de pan. Un código QR en el exterior del castillo permite descargar una audioguía. La **Casa do Acordeão** (PLANO: ⑯ P. 88 E2; *cerrado fin de semana*) está dedicada al acordeón, el instrumento folclórico más típico del Algarve del s. XIX.

 GUIA, LA CAPITAL DEL POLLO PIRI-PIRI

El famoso plato picante del Algarve tiene más historia de lo que cabría imaginar. Durante la Era de los Descubrimientos, se transportaron guindillas de ojo de pájaro desde Sudamérica y se cultivaron en las colonias portuguesas de Cabo Verde y Mozambique, donde se cree que apareció por primera vez esta salsa picante. En la década de 1970, cuando los portugueses regresaron de estas colonias, los chiles se combinaron con otros ingredientes europeos, como ajo, aceite de oliva y limón. Las *churrasqueiras* (asadores) son el mejor lugar para degustar este pollo a la brasa, sobre todo en Guia, donde se considera que el **Restaurante Ramires** creó la receta.

Avocet, Lagoa dos Salgados.
NEIL BOWMAN/SHUTTERSTOCK ©

Observación de aves
PASARELA

PLANO: **17** P. 88 **B5**

Más allá de las escarpadas calas de Albufeira, la Praia Grande de Pêra es una franja de arena casi infinita. Rodeada por los humedales de agua dulce de **Lagoa dos Salgados,** es uno de los paraísos vitales para la avifauna de la región. Según la época del año, se ven flamencos, charranes, currucas, tejedores y muchas aves poco comunes desde los miradores situados a lo largo de una extensa y llana pasarela.

Chapotear en Armação de Pêra
BALNEARIO DE PLAYA

PLANO: **18** P. 88 **A5**

En el 2024 se inauguró un puente peatonal sobre la Ribeira de Alcantarilha que une la tranquila Salgados con la concurrida Armação de Pêra, un balneario muy popular entre los lugareños. Merece la pena visitarlo para disfrutar de excelentes restaurantes a buen precio, pasar un día en la playa o visitar la histórica **Fortaleza de Armação de Pêra.** Más allá, la **Capela de Nossa Senhora da Rocha** (p. 105) es uno de los miradores más bonitos del Algarve.

SUGERENCIAS

Lo mejor para...

ⓔ Económico **ⓔⓔ** Medio **ⓔⓔⓔ** Alto

Localizaciones en el plano de la **p. 88**

Comer

'Brunch' y picoteo

20age ⓔ
19 D4

Cerca de la estación de tren, la amplia carta de excelentes *petiscos* (tapas) brinda sabores de Portugal. *11.00-23.00 ju-lu*

Al-Gharb Coffee Roasters ⓔ
20 E5

Un patio soleado y espacioso para disfrutar de café de tueste propio de calidad y de *brunchs* internacionales. *9.00-16.00*

Iguana Cafe ⓔ
21 B2

Desayunos, hamburguesas y ensaladas en una bonita terraza con vistas a la playa y al casco antiguo de Albufeira. *12.00-19.00*

Sabores locales

Solgamba ⓔ
22 B2

Especialidades auténticas, como *cataplana,* pollo piri-piri y brochetas de marisco. *12.00-22.00 ma-do*

Casa da Fonte ⓔⓔ
23 B2

Restaurante con solera para degustar platos tradicionales en varios comedores y un coqueto patio con una fuente. *12.00-23.00*

Restaurantes con reserva previa

Veneza ⓔⓔ
24 E2

Cerca de Paderne, aquí los platos son (casi) secundarios, pues todas las paredes están presididas por una de las mejores bodegas de Portugal. *19.00-22.00 mi-lu y 12.00-14.30 vi y do*

Thai Beach Club ⓔⓔ
25 H5

Cruzando el puente del puerto deportivo de Vilamoura se llega a este moderno restaurante tailandés junto a la playa, con ocasionales sesiones de DJ al atardecer. *11.00-23.00*

Windmill ⓔⓔⓔ
26 A1

Este molino de viento de 1938 es hoy un romántico restaurante solo para adultos que sirve menús mediterráneos de tres platos. *18.30-22.00*

A Sardinha ⓔⓔⓔ
27 C5

El restaurante de Praia dos Arrifes ofrece un marisco sensacional (a peso) y estupendas vistas de las formaciones rocosas. *11.00-21.00*

Restaurantes de Armação de Pêra

Inevitável Wine Bar ⓔⓔ
28 A4

Platos tradicionales como *muxama* (atún curado) y *xerém* (gachas de maíz) con una atención esmerada, maridaje de vinos y opciones vegetarianas. *vi-mi 16.00-22.00*

Olivalmar ⓔⓔⓔ
29 A5

Este restaurante es una de las mejores *marisquei-*

'Cataplana'.
STEIDI/SHUTTERSTOCK ©

ras del Algarve, que sirve platos de marisco y moluscos frente al mar. *12.00-22.00*

Beber

Vino y cócteles

Café In-certo

30 B1

Tranquilo bar de tapas del casco antiguo con sangría, cervezas locales con tablas para compartir y aperitivos ligeros. *9.00-24.00 lu-sa*

Atlantic Piano Bar

31 H5

Con vistas al puerto deportivo de Vilamoura, esta animada terraza de moda ofrece excelentes cócteles y frecuente música en vivo. *16.00-2.00*

Comprar

Artesanía y mercados

Pau de Pita

32 B1

Probablemente, la mejor tienda de regalos de Albufeira es una de las pocas que venden cerámica y textiles locales, en lugar de productos en serie. *10.00-18.00*

Mercado Municipal dos Caliços

33 D5

Lejos del casco antiguo, este mercado semiexterior ofrece el sabor auténtico de la vida local, con comerciantes charlatanes y productos frescos de granja. *8.00-14.00 ma-sa*

99

Sugerencias de lugares para comer, beber y comprar en **p. 112**

Explora
Lagoa y Portimão

A ambos lados del estuario del Arade, el escarpado litoral de Lagoa y Portimão es célebre en el Algarve. Con la galardonada Praia da Marinha y el complejo vacacional de Praia da Rocha, anfitriona de festivales, la cueva de Benagil, buceo en pecios y el sendero de los Siete Valles Colgantes, la costa acapara toda la atención. Bonitos pueblos pesqueros encalados, como Alvor, Carvoeiro y Ferragudo, contribuyen a su encanto. Lejos de la playa, la tranquila Lagoa y Portimão, la segunda ciudad del Algarve obsesionada con las sardinas, brindan una experiencia más local, con viñedos, un parque acuático, talleres de cerámica y flamencos.

Cómo desplazarse

 Autobús

Vamus conecta Portimão con Lagoa, Carvoeiro (107) y Ferragudo (110). La línea nº 52 (solo en verano) enlaza con la costa. La estación de autobuses urbanos de Portimão es céntrica; la terminal interurbana está cerca del estadio. Los autobuses de Vai e Vem van a Praia da Rocha y Alvor.

 Barco

Un taxi acuático une Ferragudo con Portimão.

 Tren

La estación de Portimão es bastante céntrica; las de Estômbar-Lagoa y Ferragudo están peor situadas. En Carvoeiro y Ferragudo hay un tren turístico, con ruedas, en temporada.

Cueva de Benagil (p. 104).

HUGO/ADOBE STOCK ©

★

LO MEJOR

SENDERO COSTERO
Percurso dos Sete Vales
Suspensos (p. 104)

⸺

MUSEO
Museu de Portimão (p. 108)

⸺

ARTE Y ARTESANÍA
Taller de pintura de
azulejos (p. 108)

⸺

CUEVAS MARINAS
Zip&Trip (p. 111)

⸺

BODEGA
Quinta dos Santos (p. 109)

Skydive Algarve

Aeródromo Municipal de Portimão

Golf Land

Ria de Alvor

Reserva Natural da Ria do Alvor

Zip&Trip

Estrada de Montes de Alvor

Estrada de Alvor

Estrada de Alvor

Variante 3

Variante 8

N125

Ribeira de Boina

Rio Arade

Via do Infante

Portimão

Infante Dom Henrique

Portimão

Conserveira do Arade

Av São Lourenço de Barrosa (V6)

Rio Arade

Av Infante de Sagres

Véase ampliación de Portimão

Portimão

R de Olivença

Ponte Velha de Portimão

R Direita

Av Miguel Bombarda

Av Guanará

Portisub

Museu de Portimão

Estrada da Rocha

Rio Arade

Ferragudo

Arti Arte Azulejar

Av das Comunidades Lusiadas

Av Tomás Cabreira

Av Rio Arade

Praia da Rocha

Algarve SunBoat

NoSoloÁgua

0   1 km

E   F   G   H

1

Via do Infante

🌵 Quinta
dos Vales ④

🍴
28
🚋 Estômbar-
Lagoa

Via do Infante

🏊 12
Slide &
Splash

🍴 26   ○ Lagoa

🏛 43

N125

Olaria
Pequena
🛍 10

2

🏊 3 Quinta dos
Santos

Estrada das Sesmarias

Monte de
Salicos
🍷 5

🏛 13
SandCity

🛍 9
Alfarería
de Porches

🏊 37

Estrada do Carvoeiro

Estrada da Caramujeira

3

Estrada de Benagil

● Capela de
Nossa Senhora
da Rocha

🍴 24
🏖 35
Carvoeiro ○
🏖 21
🏖 22

🍴 25

Clear
Emotions

🏖 36 🏖
Grutas de
Carvoeiro
🏖 23
Vale de
Centeanes

Percurso dos
Sete Vales
Suspensos

⛪ Praia da
Marinha

4

🔥
Senderos costeros
de Carvoeiro

● Cueva de
Benagil

OCÉANO
ATLÁNTICO

5

Más información

Imprescindible	⭐ p. 104
Experiencias	⭐ p. 108
Comer	✴ p. 112
Beber	🔵 p. 113
Comprar	🛍 p. 113

6

Ⓝ 0 ▬▬▬▬▬▬ 4 km

E   F   G   H

★ **IMPRESCINDIBLE**

La escarpada costa de Carvoeiro

Carvoeiro, uno de los destinos vacacionales favoritos, ha superado sus orígenes como pueblo pesquero sin perder ni un ápice de su encanto. Posee un litoral de ensueño, con un abanico completo de credenciales costeras (paseo marítimo sobre acantilados, pozas rocosas e impresionantes cuevas) y la cercana ruta de los Siete Valles Colgantes.

PLANO: P. 102 **G4**

CONSEJO

Los senderos de los acantilados no están vigilados; conviene usar calzado de senderismo. El amanecer es ideal para disfrutar de la brisa, la luz dorada y los apacibles alrededores de Benagil, aunque las puestas de sol de Marinha son espectaculares. Hay que llevar mucha agua.

Escanea este código QR para descargar un mapa de rutas.

Algar Seco y pasarela de Carvoeiro

La corta **pasarela de madera de Carvoeiro** (sin escalones) ofrece soberbias vistas del océano y la escalera tallada en la roca conduce a las pozas naturales de Algar Seco. Detrás de ellas, se puede trepar por las rocas para vistas más espectaculares antes de dirigirse al **Restaurante Boneca Bar** para atisbar el orificio de la cueva que enmarca el océano. Desde el aparcamiento, el sendero principal continúa por los acantilados.

Percurso dos Sete Vales Suspensos

Uniendo las formaciones rocosas de **Vale de Centeanes** y la **Praia da Marinha,** la moderada ruta **Percurso dos Sete Vales Suspensos** (6 km), bien señalizada, sube y baja por escarpados acantilados entre playas doradas. Por el camino se ven el Farol de Alfanzina (faro), zonas de pícnic bajo los pinos y sumideros y cuevas, como la de Benagil (Algar de Benagil), que se puede visitar. La excursión de ida requiere unas 2 h (más el tiempo de bañarse).

Cueva de Benagil

Víctima de su propia belleza, la playa del **Algar de Benagil,** en una cueva caliza con una apertura superior que la ilumina como un tragaluz, se ha convertido en un lugar congestionado y propenso

Praia da Marinha.
JUAMPITER/GETTY IMAGES ©

a la polémica. Cerrada brevemente por problemas de erosión debido al gentío, en agosto del 2024 se implantó una normativa que prohíbe nadar hasta la cueva, acceder en kayak sin guía o desembarcar en la playa, con sanciones por incumplimiento. Los operadores autorizados de excursiones guiadas en kayak o surf de remo, como **Clear Emotions** *(clearemotions.pt; desde 25 €)*, de Benagil, ofrecen un paseo de 8 min por el interior, mientras que las visitas en barco se limitan a 2 min. Esto genera largas esperas en el agua en verano; se recomienda reservar la primera excursión del día. Pero Benagil no es la única cueva; hay otras grutas cercanas. Dado que la zona y el aparcamiento suelen llenarse, lo ideal es hacer excursiones en barco desde más lejos; las **grutas de Carvoeiro** *(carvoeirocaves. com; desde 25 €)* salen de la Praia do Carvoeiro.

RUTA ADICIONAL
Más allá de Marinha, un sendero menos transitado llega hasta la **Capela de Nossa Senhora da Rocha,** una linda capilla en un promontorio que divide la playa. El Caminho dos Promontórios (6 km) une Carvoeiro y Ferragudo.

CIRCUITO A PIE

Portimão y Praia da Rocha

Portimão es uno de los destinos de la región más adecuados para sillas de ruedas gracias a la Rota Acessível, un sendero de 6 km decorado con murales. Este recorrido sin escalones cubre parte de la ruta y explora el patrimonio de la ciudad, el arte callejero y la antigua industria conservera de sardinas, antes de terminar en la costa de Portimão.

INICIO	FINAL	DURACIÓN
Praça da República	Praia da Rocha	3,6 km; 1½ h

❶ Plaza histórica

El sendero señalizado arranca en la **Praça da República,** dominada por la **Igreja do Colégio dos Jesuítas** (cerrada), del s. XVII. Cerca, la **Igreja de Nossa Senhora da Conceição,** gótica y reconstruida tras el terremoto de 1755, posee una empinada rampa lateral y una pequeña puerta de entrada.

❷ Arte callejero y tiendas

Se prosigue hacia la **zona comercial** del centro, pasando por murales de sardinas y coloridos edificios con fachadas de azulejos, y luego hay que desviarse para ver el barroco **Palácio Bivar,** sede del ayuntamiento. Allí aguarda el mural del futbolista más famoso de Portugal, Cristiano Ronaldo.

❸ Museo en miniatura

El tramo del sendero cubierto de grafitis pasa por la **Casa Manuel Teixeira Gomes,** un museo en la residencia del antiguo presidente. El patio tiene un pequeño escalón; las exposiciones no son accesibles. Delante se halla el frondoso jardín (fuera del camino, pero con acceso por un bordillo rebajado) que da al teatro del s. XVIII.

❹ Comer marisco

En la plaza del paseo marítimo de Ribeirinha (aseo accesible en la cafetería NoSolo Italia), el carril especial gira a la derecha. Sin embargo, un carril-bici secundario lleva a la izquierda (el paseo marítimo es llano con adoquines pulidos), pasando por jardines y la oficina de turismo accesible con rampa, que acoge exposiciones ocasionales. Detrás, un túnel lleva a **restaurantes asadores de sardinas;** Peixarada tiene rampa.

❺ Historias de sardinas

Se retrocede hacia el sur en dirección al **Museu de Portimão.** Al acercarse al museo, se divisan altas chimeneas de ladrillo que delatan las antiguas fábricas de conservas, y una colección de esculturas de piedra. Ubicado en una antigua fábrica de sardinas renovada, es informativo, interactivo y totalmente accesible, con rampas y ascensores.

❻ Panorámica desde la fortaleza

El autobús (11/33; con rampas) que sale de detrás del museo lleva a la **fortaleza de Santa Catarina,** del s. XVI. Ofrece amplias vistas de Praia da Rocha.

❼ Escapada a la playa

La **Praia da Rocha** en sí es accesible. Sin embargo, la carretera que baja hasta la arena (detrás de la oficina de información del complejo turístico homónimo) es empinada. Hay que seguir el paseo marítimo hacia la derecha hasta el poste 6, con una rampa que lleva a la arena. La Praia do Vau (autobús 1P) tiene mejor acceso y sillas de ruedas anfibias en el puesto de socorro en temporada.

EXPERIENCIAS

Pintar azulejos en Ferragudo
TALLER

A diferencia de la mayoría de los antiguos pueblos pesqueros, **Ferragudo** (PLANO: ❶ P. 102 **C5**) ha mantenido vivo su pequeño puerto. Redes, cestas y coloridas barcas de pesca nutren aún el mercado diario de pescado y los restaurantes frente al mar. Es un entorno inspirador, junto a la playa pública coronada por un castillo privado y un paseo por las bonitas calles con buganvillas. En los talleres de **Arti Arte Azulejar** (PLANO: ❷ P. 102 **C5**; *arti -arte-azulejar.pt; 35 €/3 h*), Carla comparte sus conocimientos sobre azulejos y explica cómo pintar un diseño propio. Como los azulejos tardan 3-5 días en esmaltarse, se aconseja reservar al inicio del viaje.

Visitar una 'conserveira'
FÁBRICA DE CONSERVAS

PLANO: ❻ P. 102 **D2**

Altas chimeneas de ladrillo rojo salpican el horizonte a ambos lados del Arade, señalando las antiguas conserveras. Fueron el sustento económico durante siglos, hasta que la última cerró en 1994. Veintitantos años después, inspirado por el museo de la sardina de Portimão, el belga Vincent se asoció con el portugués Miguel para reactivar la industria conservera local, abriendo la **Conserveira do Arade** (*conserveiradoarade.com; adultos/menores de 12 años 10 €/ gratis*). En las visitas (laborables por la mañana, 1 h), Elisa y su equipo explican el proceso, que incluye la limpieza, cocción, enlatado y etiquetado, y una cata de productos pesqueros artesanales.

Historia de la sardina de Portimão
MUSEO

PLANO: ❼ P. 102 **B4**

Gran parte del crecimiento de Portimão se debió a la industria conserva de la sardina, que prosperó durante casi un siglo a partir de 1890. El accesible **Museu de Portimão** (*museudeportimao.pt; 3 €; cerrado lu*) introduce en la historia de la sardina. La visita, de 1 h, comienza junto a la cadena de cestas tejidas del muelle, donde se descargaba la pesca diaria antes de que las alarmas avisaran a los trabajadores de la fábrica de su llegada. Las cestas servían para transportar el pescado a la hoy reconvertida *conserveira*. En este moderno espacio, herramientas, etiquetas de conservas y entrevistas en vídeo cuentan la historia de la ciudad de la sardina. La segunda sala conserva elementos originales, como fregaderos para lavar el pescado y maniquíes de tamaño real faenando.

Yacimiento megalítico de Alcalar
PREHISTORIA

PLANO: ❽ P. 102 **A1**

Una pequeña sección del Museu de Portimão exhibe artefactos de las tumbas y edificios circulares de piedra del pueblo de Alcalar, de 5000 años. Pero visitar el propio monumento funerario del **yacimiento megalítico de Alcalar** *(ma-sa, entrada 2€ o combinada con el museo),* a 20 min en coche de Portimão, es una forma mejor de conocer la Prehistoria en la zona.

Comprar cerámica en Porches

TALLERES

El barro forma parte de la historia de Algarve desde hace milenios. Sin embargo, la llegada de los romanos y, más tarde, de los árabes lo elevó a la categoría de arte. Algunos de los mejores productores actuales del Algarve tienen su sede en Porches. En la prestigiosa **alfarería de Porches** (PLANO: **9** P.102 **G2**), se ve trabajar a los artesanos pintando cuencos esmaltados y platos de terracota, y se pueden comprar sus característicos diseños. Cerca de allí, **Olaria Pequena** (PLANO: **10** P.102 **H2**) produce piezas contemporáneas.

Navegar por el río Arade

EXCURSIÓN EN BARCO

Desde la época fenicia, el río Arade fue una importante ruta comercial que transportaba mercancías río arriba hasta Silves. Solo es navegable por barcas pequeñas con marea alta. Las silenciosas excursiones de **Algarve SunBoat** (PLANO: **11** P.102 **B6**; *algarvesunboat.com; adultos/niños 36/23 €),* impulsadas por energía solar, salen del puerto deportivo de Portimão, y su patrón, António, muestra las chimeneas de las conserveras de Portimão, una capilla

LAS MEJORES BODEGAS

Quinta dos Santos
PLANO: **3** P.102 **E3**

Catas y visitas en una bodega renovada o cenas en los restaurantes frente a los viñedos. El copropietario Greg elabora las cervezas locales Dos Santos *(quintadossantos.com; desde 45 €; ma-do).*

Quinta dos Vales
PLANO: **4** P.102 **E1**

El arte al aire libre decora las viñas de esta exclusiva bodega, que ofrece visitas y catas por la tarde. Por un precio mayor, la experiencia enológica enseña a mezclar, embotellar, etiquetar y encorchar vino propio personalizado *(quintadosvales.pt; desde 36 €).*

Monte de Salicos
PLANO: **5** P.102 **F2**

El viñedo más cercano a Carvoeiro es íntimo y discreto, con catas personalizadas y cenas en las viñas *(montedesalicos@gmail.com; desde 15 €).*

de pescadores oculta en una grieta y los viñedos. **Ferragudo Boat Trips** (véase **1**; *ferragudoboattrips.com; 40 €),* capitaneado por Luis en un pesquero tradicional, ofrece salidas a Ferragudo. Ambas pasan 90-120 min en Silves, tiempo suficiente para visitar el Castelo de Silves (p. 124), antes de regresar.

LO MEJOR PARA NIÑOS

Slide & Splash

PLANO: **12** P. 102 **E2**

Con numerosos toboganes para niños y adultos, piscinas y una zona de juegos temática, este veterano parque acuático es un éxito (*slidesplash.com; adultos/niños 27/20€; descuentos en línea*).

SandCity

PLANO: **13** P. 102 **G2**

Junto a la N125, esta atracción al aire libre exhibe enormes esculturas de arena de personalidades y monumentos famosos (*sandcity.pt; adultos/niños 9,50/4,70 €*).

Golf Land

PLANO: **14** P. 102 **A2**

El campo de minigolf familiar de 18 hoyos de Alvor tiene plantas tropicales y cascadas transitables, pero poca sombra (*golfland.pt; adultos/niños 12/7 €*).

Avistamiento de delfines

EXCURSIÓN EN BARCO

véase **1**

Para tener mayores posibilidades de ver cetáceos que en una excursión a una cueva, se recomienda reservar una excursión con **Wildwatch** (*wildwatch.pt; adultos/niños 45/ 30 €/2 h*) desde Ferragudo. El equipo de biólogos marinos confía tanto en avistarlos que garantizan una segunda excursión gratis en caso de fracasar en la primera.

Submarinismo en pecios

BUCEO

PLANO: **15** P. 102 **B4**

El **Ocean Revival Project** es un arrecife artificial formado por cuatro buques de la Marina portuguesa hundidos frente a la costa de Portimão en el 2012. Con esloras de 44 a 102 m, los buceadores de pecios disfrutarán explorando el interior de los barcos, mientras que quienes no bucean pueden experimentar el proyecto en la sala de la cisterna que replica un submarino del Museu de Portimão. El club de buceo local **Portisub** (*facebook. com/portisub; precio variable*) organiza visitas.

Rumbo al club playero

OCIO

De todos los clubes de playa del Algarve, **NoSoloÁgua** (PLANO: **16** P. 102 **B6**; *11.00-19.00*) es el más popular. Cuenta con un bar en la piscina frente al mar (los fines de semana solo para adultos) y un restaurante independiente con terraza y sombrillas frente a los toboganes hinchables y la zona de juegos. En verano, hay sesiones de DJ al atardecer. De noche, la fiesta continúa en el complejo turístico **Praia da Rocha** (PLANO: **17** P. 102 **B6**), repleto de bares y discotecas.

Esnórquel en cuevas remotas

DEPORTES ACUÁTICOS

Alrededor de la **Praia de Boião,** en Alvor, se suceden las bahías con acantilados, grutas y playas inaccesibles. Aunque se puede bucear por libre, es más seguro adentrarse en las estrechas cuevas con un guía.

Inés y Pedro, biólogos marinos y fundadores de **Zip&Trip** (PLANO: ⑱ P. 102 **B3**; *zipandtripalgarve.com; adultos/niños 60/20 €*), conocen a la perfección este tramo lleno de grietas. Sus excursiones de medio día respetan los ecosistemas, a menudo alterados por los barcos. Aunque ninguna es tan cavernosa como la de Benagil, es una alternativa mucho menos turística. Para explorar el este del estuario del Arade, se recomiendan las activas y gratificantes excursiones en kayak de **Algarve Freedom Kayaks'** (véase ; *algarvefreedomkayaks.pt; 30 €/4 h*) desde Ferragudo.

Flamencos en Alvor

RESERVA NATURAL

PLANO: ⑲ P. 102 **A2**

Tras la extensa playa de dunas de Alvor, la **Reserva Natural da Ria do Alvor** está repleta de diversas aves, como cigüeñuelas y charranes. Uno de los paseos marítimos más largos del Algarve, **Passadiços de Alvor,** rodea la ría y es una agradable caminata previa a la playa con miradores para la observación de aves. Entre noviembre y marzo es mágico, pues es habitual que sobrevuele una gran variedad de flamencos. En la parte más alejada de la ría hay una interesante granja de ostras, **OstraSelect** (p. 139).

Caída libre en Alvor

PARACAIDISMO

PLANO: ⑳ P. 102 **A1**

Para vistas espectaculares de la costa en caída libre, se recomienda volar con **Skydive Algarve** (*skydivealgarve.com; desde 139 €*) desde el aeródromo de Portimão. Con saltos en paracaídas en tándem de 2200 a 4500 m, y la opción de aterrizar en la playa de Alvor, este experto equipo opera desde hace una década. **Sevenair** (*flysevenair.com*) también ofrece vuelos panorámicos al Algarve y salidas regulares en bimotor a aeropuertos regionales como los de Cascais y Bragança desde el aeródromo.

🎉 FESTIVALES Y EVENTOS LOCALES

Carvoeiro acoge en junio la mayor fiesta de inicio de verano del Algarve, la **Black and White Night** (de disfraces) en la que más de 30 000 personas llenan las calles y las playas con baile y copas. A finales de julio, el legendario **Festival de la Sardina de Portimão** (*festivaldasardinha.pt*) invade el paseo marítimo con una parrillada de sardinas y destacados artistas portugueses. En agosto le sigue el FATACIL de Lagoa, con productos artesanales, puestos de comida y música en vivo. Praia da Rocha acoge grandes festivales internacionales de música, como el Afro Nation, todo el verano. Y durante todo el año, ambos municipios organizan numerosos eventos culturales gratuitos; consúltense los programas en *welcometolagoa.pt* y *visitportimao.com*.

Lo mejor para...

Localizaciones en el plano de la **p. 102**

€ Económico €€ Medio €€€ Alto

Comer

Favoritos de Carvoeiro

Tapas da Vila €
 21 E4

Con vistas a la playa, gambas al ajillo y jarras de sangría en la pequeña terraza. *12.00-21.30 ju-ma*

Casa Algarvia €€
22 F3

Acogedor restaurante con solera de platos tradicionales y pesca diaria a precios asequibles. *12.00-22.00*

Earth Café €€
23 F4

Brunchs saludables, platos de fusión y zumos naturales en un lugar de referencia para desayunos. *8.30-16.00 mi-lu*

The Square €€€
24 E3

El proyecto de la reputada chef local Raquel Marques en Monte Carvoeiro apuesta por la alta cocina; también ofrece una carta de *brunch* con mimosas. *10.00-15.00 y 18.00-1.00 do-vi*

Favoritos de Lagoa

Chicken George €
25 F3

Comer pollo piri-piri aquí es como cenar en casa: un restaurante acogedor, sin pretensiones, con mesa compartida que evoca el Algarve de antaño. *18.00-22.00*

Gaspacho & Migas €€
26 F2

Restaurante actual de platos mediterráneos creativos con un servicio atento y una interesante carta de vinos. *18.30-22.00 lu-sa*

O Velho Novo €€
27 C5

En Ferragudo no faltan restaurantes de pescado frente al mar, pero este ofrece platos portugueses más asequibles en un comedor de madera oscura. *7.30-23.00 lu-sa*

O Charneco €€€
28 E1

Este adorable restaurante familiar de precio fijo y sin carta ofrece degustaciones de ocho platos con vino por menos de 40 €; en Estômbar. *18.30-22.00 lu-sa*

Cafés de Portimão

Casa da Isabel €
29 B4

La vitrina de este tradicional café con azulejos exhibe deliciosos pasteles, como *pastéis de nata* y especialidades regionales. *9.00-19.00 ju-ma*

Pastelaria Snack Ruby €
30 B4

Acogedora cafetería con amables propietarios que sirve platos básicos y destaca por sus *francesinhas,* sándwiches de carne y salsa típicos de Oporto. *8.00-19.00 lu-vi*

Restaurantes de Portimão

Dona Barca €
31 B4

Marisquería institucional célebre por sus sardinas a la parrilla. *12.00-15.00 y 18.00-21.30 mi-lu*

AllGarbe €€
32 B4

Uno de los restaurantes de marisco modernos más populares de Portimão, con pescado y ostras en hielo, y un tanque de langostas. *11.30-23.00 lu-sa*

A Casa da Rocha

33 A6

Hay que llegar temprano para conseguir pescado fresco y una mesa con vistas a las rocas y a la Praia dos Três Castelos. *12.00-22.00*

Vila Lisa

34 A1

Este restaurante casero con menú fijo lleva cincuenta años sirviendo recetas típicas de perfecta elaboración. *Horario variable*

Beber

Vino en Carvoeiro

Decadente Lounge

35 E3

Resguardado en un patio, este bar de vinos es ideal para una copa por la tarde. *11.00-21.00 lu-sa*

Sky Bar Carvoeiro

36 F4

Frente a la Praia de Vale Covo, el bar de la azotea del Hotel Tivoli es un apacible rincón (no confundir con el Sky bar de la playa de Carvoeiro, también excelente). *18.00-22.00*

Rolha Wine Bar

37 H2

En Porches aguarda una cálida bienvenida, recomendaciones personalizadas de uvas portuguesas,

petiscos (tapas) y charlas con el sociable propietario. *18.00-23.30 ju-do*

Música en vivo en Ferragudo

Club Nau

38 C6

Vistas en primera fila de la Praia Grande desde el bar-restaurante de fusión o las tumbonas de playa con DJ o bandas al atardecer y excelentes cócteles. *10.00-22.00*

Os Três Macacos

39 C5

Con un atento personal y un pintoresco patio interior, es ideal para cualquier día, aunque los conciertos en vivo los viernes atraen multitudes. *21.00-2.00 lu-sa*

Bares en Praia da Rocha y Alvor

Outro Bar

40 A6

Praia da Rocha cuenta con numerosos bares que abren hasta entrada la madrugada; los domingos por la tarde hay música en vivo. *15.00-4.00*

Michael's Bar

41 A2

Tras una temporada en el Jailhouse de Carvoeiro, este bar regentado por una pareja reabrió sus puertas en Alvor, con música en vivo cada noche. *18.00-2.00 lu-sa*

Caniço

42 B3

Se desciende en el ascensor del acantilado hasta una solitaria bahía para tomar algo en la playa o celebrar fiestas veraniegas; el restaurante es decepcionante. *9.30-2.00*

Comprar

Mercados

convent'bio

43 G2

La principal tienda de productos ecológicos de Lagoa, que cultiva verduras en sus instalaciones y elabora pan, es un buen lugar para abastecerse. También hay una pequeña cafetería. *9.00-18.00 lu-vi*

Mercado municipal de Portimão

44 A4

Grande, limpio y céntrico, con carnicería, pescado fresco, panadería y abundantes productos de granja. *7.00-14.00 lu-sa*

Aloegarve

véase **35**

Productos ecológicos de aloe vera fabricados en la sucursal de Carvoeiro de esta cadena local. *10.00-18.00*

Sugerencias de lugares para comer y beber en **p. 127**

Explora
Silves y Monchique

El interior de Silves es bucólico y atemporal. La historia de Al-Gharb-Xilb, como se llamó durante la dominación árabe, y más tarde del reino del Algarve, se relata a través de murales, museos y en las murallas del imponente castillo, mientras la vida moderna, los mercados y los talleres de cerámica configuran el acogedor laberinto de calles que se extiende más abajo. Más allá, la sierra de Monchique asciende hasta Fóia, el pico más alto del Algarve, con senderos a cascadas, artesanos y sulfurosos balnearios romanos entre sus bosques.

Cómo desplazarse

 A pie

El centro de Silves, en su mayor parte peatonal y a veces empinado, y Monchique se exploran mejor a pie.

 Automóvil

Un coche permite explorar las montañas con libertad. Los taxis, prácticos para ir a las bodegas, escasean.

 Autobús

De Silves a Monchique, los autobuses de Vamus comunican con Portimão. Los laborables unos pocos autobuses enlazan Monchique con Marmelete y Alferce. La estación de tren de Silves está a 2 km a pie, con un corto tramo por la carretera principal.

 Barco

La llegada por el río Arade es fantástica; las excursiones en barco salen de Portimão (p. 109).

Silves.
A. KARNHOLZ/SHUTTERSTOCK ©

LO MEJOR

ENCLAVE HISTÓRICO
Castelo de Silves (p. 124)

BODEGA
Quinta de Mata Mouros
(p. 120)

MIRADOR DE SENDERISMO
Fóia (p. 118)

EVENTO
Feira Medieval (p. 126)

ACTIVIDAD
Talleres de elaboración
de dulces (p. 124)

Ribeira da Cerca

Marmelete

10 Casa do Medronho

Pico da Fóia

Monchique

18

21

20

Quadsexperience

Parque Fonte dos Amores

Caldas de Monchique

Ribeira de Odiáxere

Ribeira de Boina

Ribeira da Torre

Autódromo Internacional do Algarve

11

Ribeira do Farelo

Barragem dos Álamos

Castelo Belinho

Barragem do Morgado

Más información

Imprescindible ⭐ p. 118
Experiencias 🎯 p. 124
Comer ❎ p. 127
Beber 🍹 p. 127

Via do Infante

N   0   4 km

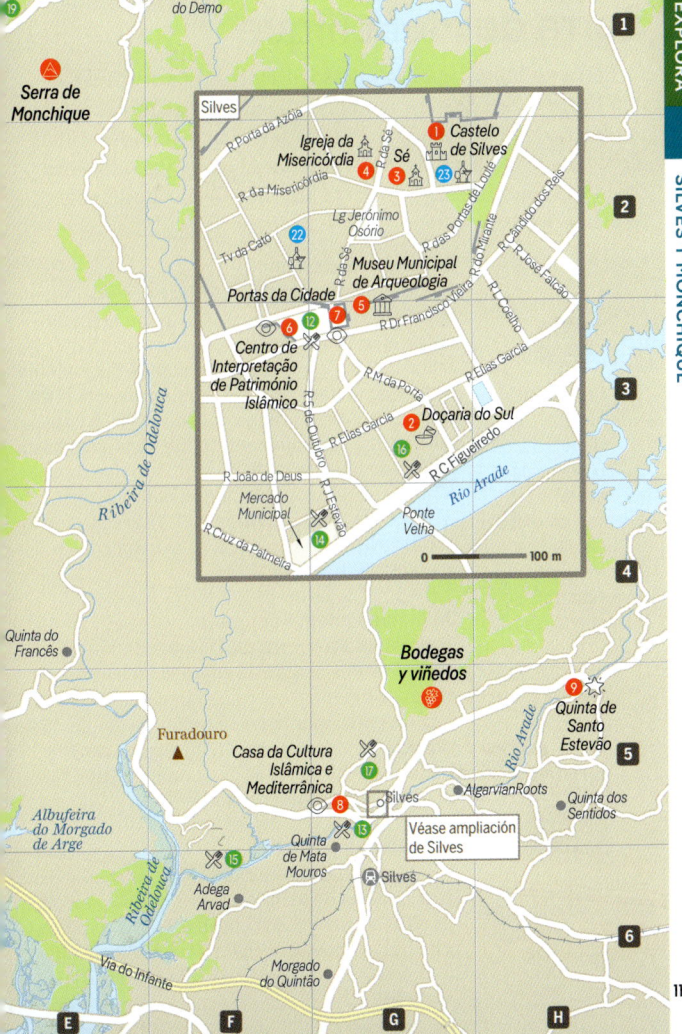

Alferce

Passadiços
Barranco
do Demo

**Serra de
Monchique**

Silves

R. Porta da Azóia

**Igreja da
Misericórdia**

R. da Misericórdia

Sé

R. da Sé

**Castelo
de Silves**

R. das Portas de Loulé

R. Cândido dos Reis

Lg Jerónimo
Osório

Tv. da Cato

R. José Falcão

R. L. Coelho

Portas da Cidade

**Museu Municipal
de Arqueologia**

R. Dr. Francisco Vieira

R. Elias Garcia

R. do Miradre

**Centro de
Interpretação
de Património
Islâmico**

R. M. da Ponte

R. de Outubro

R. Elias Garcia

R. Elias Garcia

R. F. Elias

Doçaria do Sul

R. C. Figueiredo

R. João de Deus

**Mercado
Municipal**

R. Cruz da Palmeira

**Ponte
Velha**

Rio Arade

0   100 m

Ribeira de Odelouca

Quinta do
Francês

**Bodegas
y viñedos**

Furadouro

**Casa da Cultura
Islâmica e
Mediterrânica**

Silves

AlgarvíanRoots

**Véase ampliación
de Silves**

Rio Arade

**Quinta de
Santo
Estevão**

Quinta dos
Sentidos

*Albufeira
do Morgado
de Arge*

Quinta
de Mata
Mouros

Adega
Arvad

Silves

Ribeira de Odelouca

Via do Infante

Morgado
do Quintão

★ **IMPRESCINDIBLE**

Serra de Monchique

La Serra de Monchique, la más suroccidental de Portugal, es una tierra de robledales, laureles milenarios y esquivas águilas perdiceras que merece explorarse a pie. Con recorridos difíciles alrededor de Fóia, el pico más alto del Algarve, y paseos más tranquilos en Alferce, esta sierra accesible en coche satisface todos los gustos.

PLANO: P. 116 **E1**

CONSEJO
La sierra es propensa a los incendios forestales en verano; conviene consultar los informes y avisos en *ipma.pt*. La cobertura es poco fiable; hay que descargar los mapas con antelación.

Escanea este código QR para descripciones de rutas y descargar mapas GPX.

Rutas de senderismo

Desde el punto más alto del Algarve, **Fóia** (902 m), la sierra se despliega hacia el exterior, al fondo reluce el océano y parten senderos escarpados. El Trilho da Fóia, un sendero circular de 6,8 km, una de las doce rutas señalizadas, es una buena introducción a la flora y fauna endémicas de la zona; cabe añadir los moderados 10 km de bosque hasta la cascada Cascata do Barbelote. También se puede caminar de Silves a Monchique, el tramo más difícil de la **Via Algarviana** (p. 82), 32 km (sector 10), que atraviesa arroyos, pueblos abandonados y manantiales termales.

Un plácido puente colgante

Passadiços Barranco do Demo, de 1 km, en Alferce, es una agradable pasarela escalonada de madera con un puente colgante que cruza el valle. Para un paseo más largo, la prolongación de 7,8 km cruza a pie el río del valle. El aparcamiento que hay detrás del cementerio se llena rápidamente; también se puede caminar desde la aldea.

Manantiales termales

Apreciadas desde la época romana, las aguas termales de la Serra de Monchique son reconocidas por sus altos niveles de alcalinidad (pH 9,5). El núcleo principal se encuentra en Caldas de Monchique, un caprichoso pueblo de montaña 10 min al sur de

Puente colgante, Alferce.
SOPOTNICKI/SHUTTERSTOCK ©

Monchique. El **Balneario Termas de Monchique** (*monchiquetermalresort.com; precio variable*) ofrece tratamientos y circuitos de *spa* para no huéspedes. Para una experiencia más natural, se puede seguir el corto sendero cuesta arriba del **Parque Fonte dos Amores,** que bordea los arroyos y disfrutar de un pícnic a la sombra, viendo a los lugareños rellenar botellas en la fuente. Desde aquí, un arduo sendero circular de 18 km asciende hasta la Picota (774 m).

Rutas de montaña

Varias empresas organizan excursiones guiadas, como **AlgarvianRoots** *(algarvianroots.com; precio variable),* desde Silves; la excursión más interesante combina rutas con visitas a almazaras o talleres de alfarería. **Quadsexperience** *(quadsexperience.com; desde 125 €)* ofrece salidas de medio día en *quad.*

UNA PAUSA
En el **Café Império** *(12.30-15.00 y 19.00-21.00 ju-lu),* cerca de Caldas de Monchique, sirven pollo piri-piri a buen precio. Las mesas de la terraza dan al valle.

⭐ **IMPRESCINDIBLE**

Bodegas y viñedos

Los fenicios fueron los primeros en plantar viñas en los alrededores de Silves. En la última década, una nueva ola de viticultores ha revitalizado el sector. Hoy, las bodegas contemporáneas, las mezclas creativas y los eventos nocturnos complementan los antiguos métodos de envejecimiento en ánforas, haciendo de Silves un lugar excelente para visitas y catas.

PLANO: P. 116 **G5**

CONSEJO

La mayoría de las bodegas solo abre los laborables y las visitas requieren reserva. Al reservar, hay que confirmar las indicaciones, ya que los GPS suelen pasar por alto la entrada correcta a los viñedos más grandes.

Escanea este código QR para más experiencias enoturísticas en el Algarve.

Vinos del Algarve

La región vinícola del Algarve se divide en cuatro Denominaciones de Origen Controladas (DOC): Lagos, Portimão, Tavira y Lagoa, la mayor, aunque los límites no coinciden con las ciudades homónimas. Silves pertenece a la DOC de Lagoa, y gracias a su paisaje, su terreno inclinado, rico en minerales, y sus múltiples inversiones internacionales, se ha convertido en uno de los mejores destinos vinícolas del Algarve. Las uvas típicas son la autóctona negra mole y la crato branco; también predomina la touriga. Aunque durante mucho tiempo se favorecieron los vinos tintos, los blancos y rosados están hoy bien representados.

Circuitos y catas

La bodega más cercana e impresionante es la histórica **Quinta de Mata Mouros** (*conventodoparaiso. com; desde 20 €*). Además de las catas, Laura, la gerente de la finca, organiza visitas a los viñedos en un Land Rover de los años ochenta y al convento del s. xv, vinculado a leyendas de túneles árabes. En la contemporánea **Quinta dos Sentidos** (*qds.pt; desde 30 €*), los propietarios o el enólogo André organizan visitas privadas por el viñedo experimental y los cuidados jardines frutales y viñedos antes de degustar vinos y aceite de oliva de vanguardia. La rústica **Quinta do Francês** (*quintadofrances.com; desde 13,50 €*) no requiere reserva para las catas en

DANIEL JAMES CLARKE ©

sus soleadas terrazas frente a los viñedos, pero sí para la rápida e instructiva visita.

Eventos especiales y experiencias

Para disfrutar de una comida memorable bajo un olivo de 2000 años hay que reservar plaza en los almuerzos colectivos maridados con vino que se celebran entre semana en **Morgado do Quintão** *(morgadodoquintao.pt; desde 42,50 €)*, una extensa finca fundada por el conde de Silves a principios del s. XIX. También inolvidable es llegar a **Adega Arvad** *(arvad.pt; catas desde 30 €)* en barco por el río Arade desde Portimão *(algarvesunboat.com; 68 €)* para beber vinos elaborados 100% con mole negra y envejecidos en ánforas al estilo fenicio. La bodega también ofrece pícnics y sesiones al atardecer. Merece la pena preguntar en los viñedos sobre los eventos, ya que a menudo se programan actuaciones de fado y cenas con banquete. El Ayuntamiento de Silves organiza conciertos de **Jazz nas Adegas** *(cm-silves.pt)* en invierno y primavera.

PARTICIPAR EN LA COSECHA

Las vendimias son el punto culminante del calendario, sobre todo las que pisan la uva de forma tradicional. Aunque suele ser en septiembre, la sequía y el cambio climático han hecho que recientemente algunas comiencen en agosto.

CIRCUITO EN AUTOMÓVIL

Silves y Monchique

Se puede saborear el paisaje cubierto de cítricos de Silves y visitar los miradores de la Serra de Monchique en esta excursión de un día. En ruta, se descubrirán sabores locales y a productores de vino, aceite de oliva, cerámica y artesanía de madera. Los laborables son preferibles para asegurarse de que las atracciones estén abiertas.

INICIO	FINAL	DURACIÓN
Silves	Caldas de Monchique	79 km; 1¾ h

① Sabores locales

El **mercado municipal de Silves** *(7.00-14.00 lu-sa)* es ideal para abastecerse de cítricos o saborear un desayuno en **Divine Sweetness,** al lado.

② Cena y vino

La bodega **Quinta do Francês** posee una terraza de degustación frente a los viñedos que abre a las 10.00. También se puede reservar con antelación la visita (1 h) y cata a las 11.30, seguida de un almuerzo en la cercana **Casa De Pasto A Pareirinha,** típico restaurante rural con descorche a buen precio.

③ Puente colgante

Se conduce hacia el interior por carreteras rurales que atraviesan plantaciones de cítricos y se adentran en las montañas. Para estirar las piernas son ideales el pequeño pueblo de **Alferce,** la pasarela de madera y el puente colgante de los **Passadiços Barranco do Demo** (1 km).

④ Oro líquido

Hacia el oeste, hay que desviarse hasta el **Lagar dos Pardieiros** *(azeitemonchique.com; desde 32 €),* una almazara familiar tradicional, para una visita privada (reserva previa) y una cata del oro líquido de la montaña.

⑤ Cerámica y paseos

Se aparca en **Monchique,** rodeado de bosques, para dar un paseo. La **Igreja Matriz,** del s. xv, es el principal monumento, con una portada manuelina de cinco estrellas. Aquí se encuentran excelentes artesanos, como el taller de cerámica **Studio Bongard,** que exhibe piezas coloridas y creativas en un jardín de gran personalidad, y las clases particulares de cerámica del Atelier da Clara. **República Clandestina** destila ginebra y produce condimentos picantes con guindilla. Justo al oeste, el que fuera un impresionante convento está hoy cubierto de maleza, descuidado, peligroso y habitualmente lleno de okupas.

⑥ El pico más alto del Algarve

No es necesario caminar hasta **Fóia** (902 m), en cuya cima hay un aparcamiento y un *miradouro.* Se puede disfrutar de las amplias vistas del bosque y el océano desde una tumbona de la gastroneta **Alecrim,** justo debajo.

⑦ Madera reciclada

Siguiendo hacia el oeste, la galería **WoodSpirit** expone incontables tallas artísticas de José en maderas autóctonas del Algarve y Portugal. La galería es muy amplia y la tienda vende piezas grandes y pequeñas *(desde 15 €).* Los horarios son erráticos, dependiendo de cuándo esté José en casa.

⑧ Aguas termales

Se termina con un paseo por **Caldas de Monchique,** donde una sencilla escalera conduce a los manantiales termales.

EXPERIENCIAS

Explorar un magnífico castillo árabe

CASTILLO

PLANO: **①** P. 116 **G2**

El imponente y renovado **Castelo de Silves** (cm-silves.pt; 2,10 €/con museo 3,90 €) es la fortaleza más importante del Algarve. Construido en el s. x sobre un fortín probablemente romano, sirvió de base para que los moros y, más tarde, los primeros reyes cristianos gobernaran la región. Se rodean las murallas para asomarse a través de los almenados muros rojizos de arenisca y contemplar el paisaje perfumado de cítricos, con vistas a los algarrobos y almendros introducidos por los árabes. Según la leyenda, el rey Ibn-Almundim plantó estos últimos para su amada princesa Gilda, natural de los países nórdicos, que añoraba la nieve. Tras recorrer las ruinosas murallas de la vivienda almohade en el interior del castillo, con algún letrero ocasional y algún adorno moderno que denotan el antiguo aspecto del poblado interior, se desciende a los aljibes, actualmente secos. En el espacio subterráneo hay información sobre el cercano centro de conservación y reintroducción del lince ibérico (no visitable). En el castillo hay algunas rampas, pero no ascensores para subir a las murallas y aljibes. En verano se organizan conciertos.

Elaborar dulces típicos de Silves

TALLER

PLANO: **②** P. 116 **G3**

No se necesitan excusas para visitar **Doçaria do Sul** (docariadosul.pt; precio variable), una cafetería y tienda que sirve productos locales, como café de algarroba, zumo de naranja recién exprimido y dulces de almendra, higo y naranja. Pero, además, Silvina y su equipo imparten talleres de dulces tradicionales hechos a mano. En 2 h enseñan a preparar doce fino o torta de laranja, según la temporada. Las clases son amenas y se utilizan ingredientes locales; al término, los participantes se llevan sus creaciones en una caja.

 PASTELES Y DULCES REGIONALES

El pastel de nata lisboeta es el dulce más famoso de Portugal, pero no hay que pasar por alto los pasteles regionales de higo, algarroba y almendra del Algarve. Los más populares son el doce fino, pequeños y coloridos mazapanes con forma de frutas o animales; los dom rodrigos, de huevo y canela, pegajosos y dulces, envueltos como brillantes regalos; y los morgadinhos, con forma de cúpula y recubiertos de fondant blanco, rellenos de pasta de almendra y huevo. El queijo de figos circular de Silves se elabora con higos, almendras y brandy, y la torta de alfarroba, con miel y almendras, sustituye el cacao por algarroba. En verano, se venden en la playa bolas de Berlim (rosquillas rellenas de crema y sin agujeros).

Reflexionar sobre la Reconquista
IGLESIA

Tras la Reconquista, la mezquita de Xilb fue sustituida por una catedral gótica, la **Sé** (PLANO: **3** P. 116 **G2**; *cm-silves.pt; 2 €*). Dañada por los terremotos y reconstruida con frecuencia, gran parte de la estructura actual es del s. XVIII, lo que explica que el interior no sea tan impresionante como el exterior. Aun así, merece la pena una breve visita (hay que vestir ropa adecuada; se proporcionan chales para cubrirse) para ver las altísimas columnas de arenisca. No hay que esperar un altar demasiado elaborado, ni capillas laterales. La **Igreja da Misericórdia** (PLANO: **4** P. 116 **G2**), enfrente, acoge exposiciones ocasionales de arte gratis.

Admirar artefactos árabes y arqueología
MUSEO

PLANO: **5** P. 116 **G3**

El **Museu Municipal de Arqueología** (*cm-silves.pt; 2,10 €; cerrado lu*) erigido en torno a un aljibe almohade excavado de 18 m, al que se baja en parte por una estrecha escalera interior, es una cápsula del tiempo. Este espacio de tres plantas muestra la historia de la ciudad, desde lápidas prehistóricas hasta monedas romanas. Pero la época musulmana acapara todo el interés, con colecciones de los periodos omeya, califal, taifa, almorávide y almohade. Desde el último piso se accede a un tramo de las antiguas murallas por el que se puede caminar.

Inmersión en el pasado musulmán
SENDEROS/CIRCUITOS

Para indagar en el pasado musulmán del Algarve, se puede visitar entre semana el **Centro de Interpretação de Património Islâmico** (PLANO: **6** P. 116 **F3**) en la plaza que da a las **Portas da Cidade** (PLANO: **7** P. 116 **G3**), la única puerta y torre que se conservan. El equipo proporciona mapas detallados de dos itinerarios que atraviesan la región, la **Ruta Omeya** y la **Ruta Al-Mutamid**, además de organizar visitas a la **Casa da Cultura Islâmica e Mediterrânica** (PLANO: **8** P. 116 **G5**; *cm-silves.pt; horario variables*), un edificio neomudéjar dedicado a la lengua y la cultura árabes.

Visitar una granja familiar de naranjas
GRANJA

PLANO: **9** P. 116 **H5**

Los árabes plantaron las primeras naranjas en Silves, del tipo amargo que dio lugar a la palabra portuguesa para el dulce de membrillo, *marmelo,* precedente de lo que los británicos llamaron marmelada, pero la Era de los Descubrimientos trajo las naranjas dulces de Asia. Hoy, cuatro variedades de naranjas crecen de noviembre a agosto, además de clementinas en otoño, con lo que hay suministros todo el año. Para vivir una experiencia granjera, se recomienda reservar en la **Quinta de Santo Estevão** (*quinta-santo-estevao.pt; desde 15 €*), una granja centenaria con burros, paseos a caballo y extensos

LOS FABRICANTES DE 'MEDRONHO' DE MARMELETE

PLANO: **10** P. 116 **A2**

En Marmelete, un pueblo inadvertido 20 min al oeste de Monchique, los frutos rojos del *medronho* (madroño) son el producto local más preciado. Durante siglos, los lugareños han destilado las bayas para crear un fuerte *aguardente*. Para más información, se puede visitar la pequeña **Casa do Medronho** (*casadomedronho.com; 1,50 €*), donde se explica el proceso de transformación de la fruta en aguardiente. Se puede acompañar a los destiladores locales para recoger fruta y participar en la elaboración casera. Para una experiencia más personal se recomienda enviar un correo electrónico o llamar con antelación.

campos de cítricos donde José dirige visitas de 90 min y sesiones de recolección. La *app* Rota da Laranja *(visitalgarve.pt)* destaca otras rutas y experiencias en torno a los cítricos.

Viaje al pasado en la Feria Medieval
FESTIVAL

Durante 10 días de agosto, Silves retrocede en el tiempo con la **Feira Medieval** (*feiramedievaldesilves. pt*) anual. Desde sus humildes comienzos en 1996, hoy es una explosión de sonidos, imágenes y sabores. La temática cambia cada año, pero las recreaciones históricas, tanto de la época islámica como de la cristiana, los ropajes, los bailarines con velos y llamas, la música, los torneos de justas y las jaimas con productos tradicionales son una constante. Los niños adoran los talleres nocturnos de cerámica y azulejos del Xilb dos Pequenos. Silves y Monchique acogen numerosos festivales y eventos de menor envergadura todo el año, centrados en especialidades gastronómicas locales, como las *chouriças* (salchichas de cerdo), y tradiciones folclóricas; la programación aparece en las webs municipales *cm-silves.pt* y *cm-monchique.pt*.

Conducir en un circuito de F1
BÓLIDOS

PLANO: **11** P. 116 **B4**

Se podrá pisar a fondo el acelerador de un bólido en el **Autódromo Internacional do Algarve** (*autodromodoalgarve.com; desde 195 €*), donde en 2021 se celebró el único Grand Prix de Portugal de la historia. Se pueden reservar varias experiencias, aunque la más emocionante es la posibilidad de pilotar un coche de carreras a toda velocidad (bajo supervisión profesional). También hay una pista de *karts* para divertirse en familia.

SUGERENCIAS

Lo mejor para...

Localizaciones en el plano de la **p. 116**

ⓖ Económico **ⓖⓖ** Medio **ⓖⓖⓖ** Alto

Comer

Cafés y restaurantes de Silves

DaRosa ⓖ
12 G3

Preciosa cafetería con vistas a la fuente de la plaza desde la umbría terraza. *9.00-17.00 lu-vi, 10.00-15.00 sa*

Chapim ⓖ
13 G5

En una orilla cubierta de hierba, esta agradable cafetería sirve bebidas y aperitivos, y es ideal para familias por el cercano parque infantil. *9.00-19.00*

Churrasqueira Valdemar ⓖ
14 G4

Esta terraza del mercado de Silves se llena rápidamente al mediodía, cuando los trabajadores acuden a comer parrilladas mixtas y pollo piri-piri. *12.00-15.00 y 18.30-22.00 lu-sa*

Clube Nautico ⓖ
15 F6

Esta alegre barbacoa y bar ribereño, con vistas al río Silves y piscina de verano,

está a un paseo en coche por una pista de tierra. *12.00-17.00 vi-lu*

Nova Mesquita ⓖ
16 G3

Cocina casera y tradicional, una opción fiable para todos los días, aunque los jueves por la noche es mejor reservar para las actuaciones de fado. *12.00-15.00 y 18.00-22.00 lu-sa*

Recanto Dos Mouros ⓖⓖ
17 G5

Este magnífico restaurante con vistas al castillo sirve platos tradicionales, como *javalí* (jabalí) y estofado de cordero. *12.00-14.30 y 19.00-22.00 ju-ma*

Restaurantes de Monchique

Alecrim ⓖ
18 C1

Tras llegar al mirador de Fóia, se baja hasta esta gastroneta para saborear una hamburguesa y una cerveza en una tumbona. *13.00-20.00*

Restaurante Malhada Quente ⓖ
19 E1

Pollo piri-piri recién asado en un local junto a la carretera. *11.30-15.00 y 18.30-21.30 ma-do*

O Parque ⓖ
20 D1

Céntrico y saludable restaurante donde se asan contundentes platos típicos de carne de montaña, como jabalí, cochinillo negro, cordero y platos del día. *9.00-23.00 vi-mi*

Jardim das Oliveiras ⓖⓖ
21 D1

Entorno bucólico con jardines umbríos y un comedor con chimenea en invierno que sirve especialidades de carne. *12.00-15.30 y 18.30-21.30 mi-lu*

Beber

Bares de Silves

Segredo dos Mouros
22 F2

Esta pintoresca cafetería y vinoteca, tiene un balcón para no fumadores con vistas a los tejados ocres. *11.00-17.00 ju-lu*

Café Inglês
23 G2

Popular bar-restaurante en las amplias escaleras que llevan al castillo con cervezas locales, vinos, sangría y música los domingos por la tarde. *10.00-23.30 ma-do*

Sugerencias de lugares para comer, beber y comprar en **p. 140**

Explora
Lagos

Con calas escarpadas, arenas radiantes y el farallón de Ponta da Piedade a sus pies, el casco antiguo de Lagos, en parte amurallado, es una base costera muy atractiva. Pero, además, la ciudad desempeñó un importante papel histórico. De aquí zarparon las primeras carabelas portuguesas en la Era de los Descubrimientos, lo que llevó a la próspera Lagos a coronarse capital regional en 1576, perdiendo esta condición tras el tsunami de 1755. Hoy es una ciudad muy tranquila, con yoga al amanecer, arte callejero, pausados almuerzos de marisco y excursiones en barco para ver delfines. Hasta que cae la noche, cuando impera una ecléctica vida nocturna.

Cómo desplazarse

 A pie
El centro de Lagos, compacto y peatonal en su mayor parte, las playas de fácil acceso, las pintorescas pasarelas y los senderos a Ponta da Piedade y Luz la convierten en una fantástica base sin coches.

 Autobús
Los autobuses Onda, con rampas de accesibilidad, prestan servicio a la Meia Praia, Luz y el interior cercano; se paga a bordo. La estación de autobuses interurbanos está junto al casco antiguo; los buses a la playa salen de cerca del mercado. Lagos es la terminal ferroviaria más occidental.

 Kayak
Un kayak es preferible a las excursiones en barco para acceder a arenales recónditos y apreciar mejor el litoral.

Praia do Camilo (p. 136).
FINEPIC/SHUTTERSTOCK ©

LO MEJOR

KAYAK
Ponta da Piedade (p. 132)

MUSEO
Museu de Lagos (p. 136)

VIÑEDO
Monte da Casteleja (p. 137)

RUTA
Sendero de los Pescadores a Luz (p. 138)

FADO
Café Vádio (p. 140)

A B C D

1

Lagos

Via do Infante

Centro Ciência
Viva de Lagos **5**

Mercado
municipal **15**

Puerto
deportivo
de Lagos **8**

Estrada do Paúl

Pç Gil
Eanes

Rio Bensafrim

2

R Gil Eanes

Pç Luís
de Camões

R Garret

Av dos Descobrimentos

Bodega
Monte da
Casteleja **12**

Aeródromo
de Lago

23

R de Faria e Silva

Lg Marqués
de Pombal

R da Barroca

28   **22**

R de Maio

R da Oliveira

R Marreiros Neto

R da Extrema

R 25 de Abril

R do Ferrador

R Dr Joaquim Tello

3

Av da Fonte Coberta

20

R Cândido dos Reis

R da Silva Lopes

Mercado
de Escravos **11**

Pç Infante
Dom Henrique

R Prof Luís Azevedo

R Gil Vicente

Centro
Cultural **18**

31
32

Igreja de
Santo
António **10**

4

0   100 m

Museu de Lagos **9**

Av Paúl Harris

Av Cristóvão Colombo

Estrada da Atalaia

5

Rª de Maio

R Direita

Luz

27   **14**

Praia
da Luz

Vinha da
Falésia **13**

Praia de
Porto de Mós **4**

6

OCÉANO
ATLÁNTICO

A B C D

E   F   G   H

Rio Alvor

1

16
OstraSelect

2

Meia
Praia

3

Estrada da Meia Praia

21

7
lgarve
alloons

Tren
turístico
6
LAC
25
30
1   *Meia*
       Praia

Véase ampliación
de Lagos

Lagos

OCÉANO
ATLÁNTICO

4

Kayak Explorers
29

3   *Praia dos*
       Estudantes

Passadiços
da Ponta
da Piedade

24

Praia do
2   *Camilo*

Estrada da Ponta
da Piedade

Más información

Imprescindible ⭐ p. 132
Experiencias 🌟 p. 136
Comer ❌ p. 140
Beber 🍷 p. 140
Comprar 🛍 p. 141

5

Ponta da
Piedade

6

N   0   2 km

E   F   G   H

★ **IMPRESCINDIBLE**

Ponta da Piedade

El cabo esculpido por el océano y la pintoresca costa de Lagos invitan a la exploración, y un sinfín de operadores turísticos navegan por las aguas que rodean Ponta da Piedade. Sin embargo, los acantilados de arenisca, los farallones marinos y las vistas también se disfrutan desde la pasarela que bordea el acantilado, o en kayak para vivirlos de cerca.

PLANO: P. 130 **E6**

CONSEJO

Las puestas de sol son increíbles, pero muy concurridas; se recomienda hacer la visita al amanecer para tener más calma. Los autobuses no llegan hasta el cabo, pero sí el tren turístico. El aparcamiento gratuito está a 700 m del faro.

Escanea este código QR para los operadores de excursiones en barco desde el puerto deportivo de Lagos.

A pie

Llegar a pie al cabo coronado por un faro es más fácil desde que en el 2024 se completaron los 2 km de los **Passadiços da Ponta da Piedade,** una pasarela de madera construida para aliviar la erosión y proteger el paisaje. El primer tramo arranca sobre la Praia do Pinhão (bajando por la Rua José Formosinho), que cerró en el 2024 tras el derrumbe de un acantilado. En la Praia da Dona Ana, se cruza el aparcamiento y se retoma el sendero por unas escaleras cercanas a la rotonda. Cerca del aparcamiento de grava de la **Praia do Camilo** (p. 136) comienza un tramo más accesible, sin escalones. A partir de aquí, el sendero tiene varios desvíos hasta miradores sin sombra en su tramo final. Justo después del faro (y de un aseo de pago), las escaleras de piedra de Ponta da Piedade son el espectacular final, que descienden hasta un embarcadero rodeado de rocas. El paseo continúa al oeste del promontorio hacia la Praia do Canavial, seguido por el sendero que lleva a **Luz** (p. 138).

Circuitos en kayak

Probablemente, las mejores vistas de la Costa d'Oiro se obtienen desde el agua. Las excursiones en kayak de **Kayak Explorers** (*lagoskayakexplores. com; 35 €, 2-3 h),* que salen de la ciudad, incluyen

D.BOND/SHUTTERSTOCK ©

cuevas inaccesibles y una parada para practicar esnórquel. Se recomienda reservar la primera excursión para evitar a los grupos en las grutas. Si se alquila equipo, hay que tener en cuenta que en el 2024 se introdujeron nuevas normas para restringir el transporte de tablas y similares por las escaleras de la Praia da Dona Ana y la Praia do Camilo *(jun-sep 9.00-19.00).*

Excursiones en barco

Aunque varias excursiones salen del puerto deportivo, combinar la pasarela con un viaje en barco optimiza la experiencia. **Grotto Pioneers** *(insta gram.com/grottopioneers; desde 20 €, solo efectivo),* que zarpa al pie de la escalera de Ponta da Piedade, lleva un siglo organizando excursiones en pequeñas barcas de pesca hasta lugares recónditos.

UNA PAUSA Sol Nascente está más cerca y sirve helados, bebidas y comidas ligeras. **O Camilo** tiene vistas al océano; la Praia do Porto de Mos cuenta con varios restaurantes.

CIRCUITO A PIE

Casco antiguo de Lagos

Este recorrido por el casco antiguo de Lagos permite descubrir la creatividad contemporánea y los antiguos vínculos marítimos de la ciudad, mezclando arte callejero, historias marineras y lindas plazas. Desde el moderno puerto deportivo hasta un antiguo fuerte, el paseo atraviesa museos y atracciones antes de desembocar en los Passadiços da Ponta da Piedade.

INICIO	FINAL	DURACIÓN
Carabela Boa Esperança	Forte da Ponta da Bandeira	2,8 km; 1 h

Map of the old town of Lagos with numbered route points 1–8, showing streets including R Vasco da Gama, Av dos Descobrimentos, R da Capelinha, R Conselheiro Joaquim Machado, R das Portas de Portugal, R Dr Faria e Silva, Pç Gil Eanes, R Garret, R Infante de Sagres, R Marreiros Neto, R Prof Luís Azevedo, Armazém Regimental, Pç do Infante Dom Henrique, Centro cultural, Igreja de Santa Maria, Igreja de Santo António, Museu de Lagos, Castelo dos Governadores. Landmarks: Puerto pesquero, Rio Bensafrim, Meia Praia. INICIO at point 1, FINAL at point 8.

1 En el puerto deportivo

Se comienza en la réplica de la **Carabela 'Boa Esperança',** con un pequeño centro de interpretación de la Era de los Descubrimientos *(reservas 282 770 000)* y luego se cruza el puente que une el **puerto deportivo** con la **Avenida dos Descobrimentos.**

2 Arte callejero y ciencia

Siguiendo el amplio paseo marítimo, con algunos puestos de mercadillo, se cruza la escalera de la **Rua da Marombeira,** llena de arte callejero que cambia cada año. Se rodea la **Igreja de São Sebastião** hasta el **Centro Ciência Viva de Lagos,** decorado con obras de arte.

3 Puestos de mariscos

A la salida del museo, unas escaleras conducen al **mercado municipal** *(lu-sa 8.00-14.00),* con marisco y productos frescos. Se sale del mercado por la planta baja en dirección al casco antiguo peatonal.

4 Lindas plazas

Se cruzan dos plazas, la **Praça Gil Eanes** y la fotogénica **Praça Luís de Camões,** que debe su nombre al autor de *Os Lusíadas,* poema épico que celebra la exploración oceánica de Portugal, hasta la **Rua Infante de Sagres,** alfombrada con llamativas *calçadas portuguesas.*

5 Murallas y murales

Al llegar a lo que queda de las *muralhas* moriscas, posteriormente reforzadas, se regresa al centro hacia el **centro cultural** para ver más murales multicolores; el más impresionante es la obra inspirada en los azulejos azules y blancos del artista Fuel. Cerca se encuentran el **Museu de Lagos** y la **Igreja de Santo António.**

6 Una historia terrible

La histórica **Praça do Infante Dom Henrique,** sede del **Mercado de Escravos,** el primero de Europa, invita a la reflexión. En el centro se alza la estatua del príncipe Enrique el Navegante, Dom Henrique, impulsor de la Era de los Descubrimientos. Se puede echar un vistazo a la **Igreja de Santa Maria,** tenuemente iluminada, y al **Armazém Regimental,** del s. xvii, un antiguo almacén naval reconvertido en una pequeña galería de arte.

7 Por la puerta grande

Siguiendo los recios muros del **Castelo dos Governadores,** del s. xvii, se llega al **arco de São Gonçalo,** flanqueado por dos torres gemelas. El robusto arco esconde un pequeño santuario en el que, según la leyenda, nació el patrón de los pescadores de Lagos, São Gonçalo.

8 Un gran final

Finalmente, se cruza el puente levadizo del **Forte da Ponta da Bandeira,** del s. xvii, con vistas al océano desde las murallas.

EXPERIENCIAS

Elegir la costa perfecta
ACTIVIDADES PLAYERAS

En las playas de Lagos se pueden practicar deportes acuáticos y tomar el sol. La **Meia Praia** (PLANO: ① P. 130 **F4**), amplia y accesible (con silla de ruedas anfibia), es popular para el *kitesurf,* con escuelas que ofrecen clases y alquiler de equipo. También se pueden tomar clases de surf de remo en la ría. La preciosa y diminuta **Praia do Camilo** (PLANO: ② P. 130 **E5**) es ideal, aunque hay que bajar 200 escalones hasta la cala, a los pies de un acantilado. Quien prefiera remar a su ritmo, puede alquilar una tabla de surf de remo y chapotear junto al puente romano de la **Praia dos Estudantes,** que atraviesa dos rocas (PLANO: ③ P. 130 **E4**). Los surfistas encontrarán el rompiente más cercano en la **Praia de Porto de Mós** (PLANO: ④ P. 130 **D5**).

Avistar delfines en libertad
EXCURSIONES EN BARCO

PLANO: ⑧ P. 130 **C1**

Desde el puerto deportivo de Lagos parten excursiones en barco de todo tipo. La mayoría va a Ponta da Piedade (p. 132), y algunas hacia el este, a la cueva de Benagil (p. 104). Uno de los mejores operadores para avistar delfines es **SeaLife** *(sealife.pt; adultos/niños 40/25 €).* A bordo hay un biólogo marino que vela por el medio ambiente y contribuye a que el índice de avistamiento sea del 96%. Para explorar bajo el agua, **WeDive** *(wedive. pt)* ofrece cursos de submarinismo de todos los niveles e inmersiones en pecios.

Una iglesia y una colección deslumbrantes
MUSEO/IGLESIA

El principal museo de la ciudad, el **Museu de Lagos** (PLANO: ⑨ P. 130 **C4**; *museu.cm-lagos.pt; adultos/ niños 3/1,50 €, cerrado lu*), también da acceso a la increíble **Igreja**

EL TERREMOTO DE 1755

El 1 de noviembre de 1755, la vida en Portugal cambió para siempre cuando un terremoto de magnitud 8,7 y un posterior tsunami dejaron un rastro de muerte y destrucción. Conocido como el Terremoto de Lisboa, debido a los graves daños sufridos por la capital, el epicentro se hallaba en realidad 200 km al suroeste del **cabo de San Vicente,** en el Algarve (p. 148). Gran parte de la costa quedó diezmada, en especial Lagos, que perdió su corona de capital regional. Por ello, la mayor parte de la arquitectura de la zona está, al menos parcialmente, reconstruida.

de Santo António (PLANO: **10** P. 130 **C4**). Con una colección algo dispar, donada en su mayor parte por el arqueólogo aficionado José Formosinho, cada sala cubre un periodo distinto. Azulejos ornamentados (pintados a mano), lienzos y trípticos religiosos e historia local, con trajes, artesanía y recreaciones de casas típicas, se pueden visitar en 1 h. Para terminar, la iglesia, del s. XVIII, está inundada de azulejos azules y blancos, coronada por un techo en trampantojo y reluce con dorados barrocos, que representan soldados romanos y personajes árabes. El museo tiene suelo táctil y algunos paneles en braille.

El primer mercado de esclavos de Europa MUSEO
PLANO: **11** P. 130 **C3**

Cuando una flota naval zarpó para conquistar Ceuta en 1415, la historia de Lagos se unió para siempre a la Era de los Descubrimientos. En las décadas siguientes, las carabelas partieron en misiones de exploración y regresaron con africanos cautivos. El **Mercado de Escravos** *(cm-lagos.pt; 3 €)*, probable ubicación del primer mercado de esclavos europeo, abrió sus puertas en 1444. Hoy un museo de dos plantas, narra la vida de los esclavos a través de historias, datos, mapas y pantallas digitales. En el 2009, se descubrieron más de 150 esqueletos de personas africanas en el centenario vertedero de Lagos, suceso sobre el que se rodó la

LO MEJOR PARA NIÑOS

Centro Ciência Viva de Lagos
PLANO: **5** P. 130 **B1**

El museo de la ciencia de Lagos aborda la exploración de los océanos con elementos interactivos, como un faro en miniatura *(lagos.cienciaviva.pt; adultos/niños 6/3 €, cerrado lu)*.

Tren turístico
PLANO: **6** P. 130 **E3**

Tren turístico sobre ruedas que ofrece trayectos a Ponta da Piedade y permite subir y bajar libremente por la ciudad *(touristtrainlagos.com; 5,50 €)*.

Parque Zoológico de Lagos
PLANO: **7** P. 130 **A1**

El zoo de Lagos tiene animales de compañía, pingüinos, monos y una piscina *(zoolagos.com; adultos/ niños 15,83/11,18 € en línea)*.

película del 2023 *Tales of Oblivion* ("Cuentos del olvido"), dirigida por la angoleña Dulce Fernandes.

Saborear vino entre viñas VIÑEDOS
A Lagos no le faltan vinotecas, pero quien prefiera saborear vinos biológicos con los propios viticultores puede ir en bicicleta o tomar un taxi (15 min aprox.) hasta **Monte da Casteleja** (PLANO: **12** P. 130 **D2**; *montecasteleja.com; desde 25 €)*. Aunque la producción se lleva a

Parque Zoológico de Lagos (p. 137).

cabo fuera de las instalaciones, pasear entre los viñedos –que se extienden sobre los restos soterrados de la ciudad romana de Lacobriga– y disfrutar de una agradable cata de 2 h (ma-ju tarde) es todo un placer. Al reservar se puede solicitar vino de naranja, difícil de encontrar en otros lugares. Otra opción es aventurarse hasta los viñedos más meridionales de Portugal, **Vinha da Falésia** (PLANO: 13 P. 130 C5; *falesiawine.com; precio variable*), en los acantilados entre Lagos y Luz. Plantados en suelo de esquisto, los vinos, de pequeña producción, son ricos en minerales. Se pueden reservar visitas guiadas y catas en una sala de madera con vistas a las viñas y al océano.

Senderismo por los acantilados de Luz

SENDERO

PLANO: 14 P. 130 A5

Los 11 km finales del **Sendero de los Pescadores de la Rota Vicentina** (p. 146) conectan Lagos con la apacible localidad costera de Luz, aunque el recorrido puede reducirse a unos 6 km si se comienza en Ponta da Piedade. A partir de ahí, siguiendo una pista bien señalizada, la asequible ruta atraviesa la cima el imponente Rocha Negra, un acantilado de origen volcánico y de arenisca repleto de fósiles y vestigios que datan del Cretácico Medio. Hay que tener en cuenta que el tramo final incluye una breve subida, pero es más gradual si se hace el camino desde Lagos.

En la **Praia da Luz,** lo mejor es quitarse las botas y darse un merecido baño, contemplar las ruinas romanas y tomar un tentempié en **Fortaleza da Luz** (p. 140), antes de regresar a Lagos en autobús.

Recoger ostras frescas   MARISCO

En el **mercado municipal** de Lagos (PLANO) **15** P. 130 **B1**) no falta pescado fresco. Pero aún más frescas son las ostras de **OstraSelect** (PLANO) **16** P. 130 **H2**; *+351 919 463 570),* a 25 min en coche de Lagos, en el lado de la Meia Praia de la Reserva Natural de la Ría de Alvor (p. 111). Más que una atracción, es una granja en activo, por lo que es mejor avisar (por teléfono o correo electrónico) para asegurarse de que Miguel o alguien del equipo está disponible para una visita con bajamar. Explican muchas cosas sobre sus ostras Giga japonesas y recogen una bolsa entera que ofrecen a un precio más que asequible. Se recomienda calzado adecuado para la arena mojada.

Flotando en el aire   GLOBO

PLANO) **17** P. 130 **E2**

Para disfrutar de una vista aérea de la costa oeste, se puede reservar un vuelo en globo aerostático con **Algarve Balloons** *(algarveball ons.com; adultos/niños 195/149 €),* desde el diminuto aeródromo de Lagos. En verano, solo hay vuelos al atardecer; el resto del año

LOS MEJORES EVENTOS CULTURALES

Desde exposiciones de arte callejero hasta teatro contemporáneo, aquí siempre se cuece algo creativo. Consúltese el calendario actualizado de eventos en *cm-lagos.pt.*

Festa do Banho 29

Cada 29 de agosto, Lagos y sobre todo Luz celebran una tradición bañista con música en vivo, fiesta en la calle y baños a medianoche.

Centro Cultural de Lagos

PLANO) **18** P. 130 **B4**

Teatro, canciones, danza y muchas más actividades todo el año en el principal centro cultural de la ciudad.

LAC

PLANO) **19** P. 130 **E4**

Responsable de gran parte del arte callejero de Lagos, este "laboratorio creativo" programa exposiciones y talleres *(lac.org.pt).*

se puede despegar al amanecer. Aunque el viento dicta la ruta final alrededor de Lagos, también organizan vuelos sobre Portimão, Silves y Monchique.

Lo mejor para...

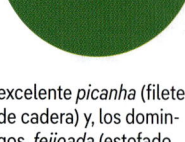

Localizaciones en el plano de la **p. 130**

€ Económico €€ Medio €€€ Alto

Comer

'Brunch' y aperitivos

The Studio €

20 B3

Moderna cafetería y galería fotográfica con café de tueste propio, tartas caseras, platos de *brunch* y *coworking*. Hay una sucursal en Luz. *7.30-17.30*

Bar Quim €

21 G3

Un chiringuito en el tranquilo extremo de la Meia Praia para tomar cervezas en la arena o café y aperitivos en la terraza. *9.00-18.00 lu-sa*

Restaurantes tradicionales

Reis €€

22 A3

Veterano restaurante familiar de platos locales de confianza en un acogedor interior y una pequeña terraza en una calle lateral. *12.15-14.30 y 18.15-22.30 lu-sa*

Café Vádio €€

23 A2

Uno de los únicos lugares de Lagos para ver fado. Las actuaciones (con entrada, ma y vi noche) superan la comida. *12.00-24.00 lu-sa*

'Petiscos' perfectos

Repolho Gastrobar €€

24 E5

Paredes repletas de botellas de vino y platillos de todo el país; el "menú sorpresa" incluye maridaje de vinos para una experiencia completa. *16.00-23.00 ma-do*

Tasca do Kiko €€

25 E4

Escondido tras el astillero, este espacio contemporáneo ofrece sabrosos platos para compartir. *12.00-15.00 y 18.00-22.00 lu-sa*

Sabores internacionales

Cantinho de Minas €

26 D4

Un completo festín brasileño en este restaurante sin pretensiones, con

excelente *picanha* (filete de cadera) y, los domingos, *feijoada* (estofado de judías negras). *11.00-23.00 mi-lu*

Fortaleza da Luz €€

27 A5

En el interior del fuerte del s. XVII de Luz, la carta de este histórico restaurante con vistas al océano ofrece de todo, desde hamburguesas y filetes hasta ceviche y risotto. *11.00-15.00 y 18.00-21.00 mi-lu*

Beber

Cócteles y cervezas artesanas

Forbidden Door

28 A3

Hay que tocar el timbre para entrar en este sofisticado bar clandestino de luz tenue, donde Welder y su equipo preparan cócteles únicos con sabores portugueses. *18.00-2.00 ju-ma*

MARC BRUXELLE/SHUTTERSTOCK ©

Igreja de São Sebastião (p. 135).

The Collab
29 E4

Con cervezas artesanales locales, como Mania de Lagos y Marafada de Algoz, vinos ecológicos y bollos *bao*, la espaciosa terraza, con música en vivo ocasional, es ideal para tomar una copa al atardecer. *12.00-23.00*

Comprar

Artesanía tradicional
TEIAS
30 E4

Fundada por nueve artistas locales, esta tienda de creativa artesanía contemporánea vende cosméticos, arte y cerámica. También organizan talleres mensuales. *11.00-19.00 lu-sa*

Mar d'Estórias
31 B4

En la planta baja del restaurante se vende una amplia gama de regalos hechos a mano auténticamente portugueses, una de las mejores de Lagos. *10.00-23.00*

Joalharia Santo Antonio
32 C4

Pequeña *boutique* de joyería fina de filigrana portuguesa en oro y plata. *10.00-18.00 lu-vi*

Sugerencias de lugares para comer, beber y comprar en **p. 156**

Explora
Sagres y Costa Vicentina

Acantilados labrados por el océano, arenas intactas, playas de dunas y costas azotadas por el oleaje son solo un retazo del magnetismo de la costa occidental. Largos senderos con aroma a enebro atraviesan pueblos eternos. Los recolectores de crustáceos que desafían al peligro parten al amanecer y el cabo de San Vicente, el rincón más suroccidental de Europa, y la centenaria fortaleza de Sagres, se alzan soberbios. El Parque Natural do Sudoeste Alentejano e Costa Vicentina, que se extiende de Burgau a Odeceixe, donde el río Seixe señala la frontera regional, forma el indómito paraíso costero del Algarve.

Cómo desplazarse

 Automóvil
Con playas remotas y desvíos rurales, lo mejor es conducir. Los taxis y los vehículos compartidos son limitados; las empresas turísticas son una alternativa. Está prohibido circular campo a través y la acampada libre.

 A pie y en bicicleta
Los amplios senderos panorámicos brindan agradables paseos. Algunos se pueden recorrer en bici; las alquilan en Sagres.

 Autobús
El n° 47 de Vamus conecta Sagres, el cabo de San Vicente, Salema, Burgau y Lagos. El n° 79, solo laborables, une Odeceixe, Aljezur y Lagos; el n° 74, Aljezur y Arrifana; y el n° 22 (1 diario) Vila do Bispo y Aljezur.

Praia da Bordeira (p. 153).

LO MEJOR

ENCLAVE HISTÓRICO
Fortaleza de Sagres (p. 148)

RUTA COSTERA
Sendero Pontal da Carrapateira (p. 153)

SURF
Sagres Natura (p. 152)

PLAYA
Praia de Odeceixe (p. 153)

MARISCO
A Sereia (p. 156)

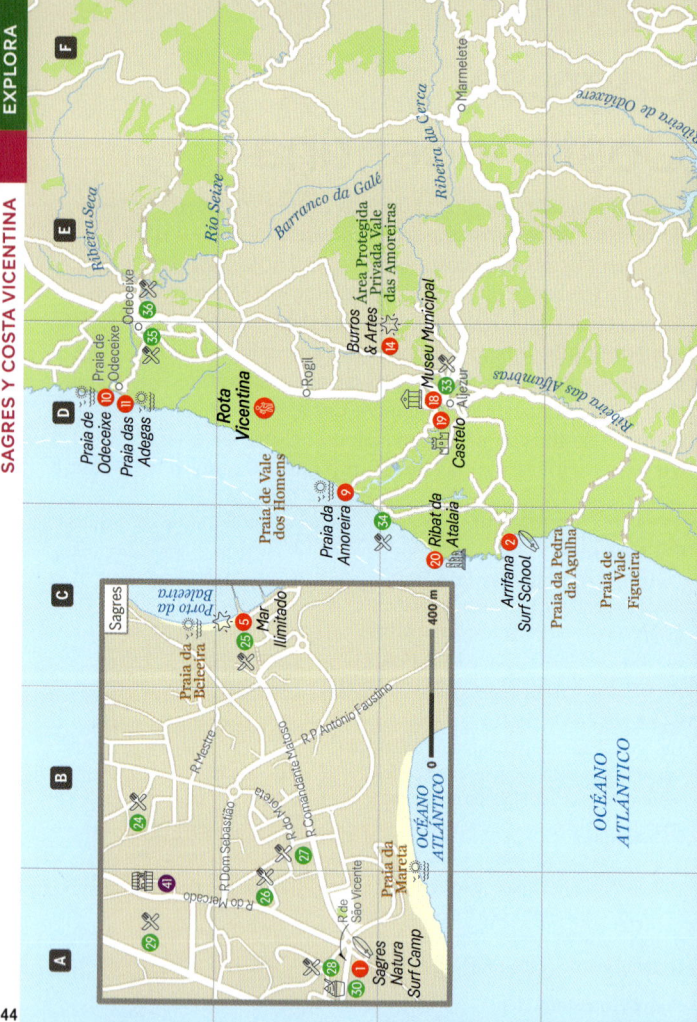

Ribeira de Odelzere

Marmelete

Ribeira da Cerca

Ribeira Seca

Rio Seixe

Barranco da Galé

Odeceixe

Praia de Odeceixe

Praia de Odeceixe

Praia de Odeceixe

Praia das Adegas

Rota Vicentina

Rogil

Burros & Artes

Área Protegida Privada Vale das Amoreiras

Museu Municipal

Castelo Aljezur

Ribeira das Alfambras

Praia de Vale dos Homens

Praia da Amoreira

Ribat da Atalaia

Arrifana Surf School

Praia da Pedra da Agulha

Praia de Vale Figueira

OCÉANO ATLÁNTICO

Sagres

Porto da Baleeira

Praia da Baleeira

Mar Ilimitado

R. Mestre

R. Dom Sebastião

R. do Mercado

R. do Mar

R. Areia

R. P. António Faustino

R. Comandante Matoso

R. de São Vicente

Praia da Mareta

Sagres Natura Surf Camp

OCÉANO ATLÁNTICO

400 m

0

144

OCÉANO ATLÁNTICO

Más información

Imprescindible ★ p. 146
Experiencias ✪ p. 152
Comer ✕ p. 156
Beber 🍷 p. 157
Comprar 🛍 p. 157

10 km

0

N

Mexilhoeira Grande

Meia Praia

Lagos

Via do Infante

Odiáxere

Ribeira da Sobrosa

de Odiáxere

Bensafrim

Barão de São João

Barão de São Miguel

Ribeira de Vale Barão

Mata Nacional de Barão de São João

Luz

Burgau

Salema

Budens

Huellas de dinosaurio fosilizadas

Coastline Algarve

Bordeira

Museu do Mar e da Terra da Carrapateira

Aldeia da Pedralva

Carrapateira

Povoado Islámico de Pescadores

Pontal da Carrapateira

Praia da Bordeira

Museu de Vila do Bispo

Menhir do Padrão

Vila do Bispo

Praia do Castelejo

Praia da Cordoama

Parque Natural do Sudoeste Alentejano e Costa Vicentina

South Kayaks

Divers Cape

Véase ampliación de Sagres

Sagres

Fortaleza de Sagres

Cabo de San Vicente

145

Rota Vicentina

El principal reclamo senderista es la Rota Vicentina, dos itinerarios de 13 días que atraviesan los sectores algarveño y alentejano del parque natural. No hay que llevar equipaje: ambos se dividen en recorridos de un día y se complementan con circuitos más cortos.

PLANO: P. 144 **D2**

CONSEJO

Primavera y otoño, colmadas de flores silvestres, son las mejores épocas para el senderismo. Las rutas están bien señalizadas en ambas direcciones. Hay que llevar siempre agua. Nature Treks (*naturetrekks. com*) se encarga de trasladar el equipaje en las excursiones.

Escanea este código QR para mapas de senderos, actividades y guías.

Sendero de los Pescadores

El **Sendero de los Pescadores** (227 km) comprende ocho tramos de un día en el Algarve, entre Odeceixe y Lagos, que descienden a playas intactas y suben a acantilados tapizados de tomillo y aliaga, con plantas endémicas y avifauna. El tramo final entre **Luz y Lagos** (p. 138) es el más fácil, tanto en intensidad como en transporte público. La moderada ruta de 17 km entre Aljezur y Arrifana, a través de la Praia de Monte Clérigo y las ruinas de la fortaleza islámica de Ribat da Atalaia, también cuenta con autobuses entre semana. El tramo más duro, los 19,5 km entre la salvaje Sagres y la más protegida Salema, ofrece diversos paisajes y vestigios de la vida romana. Desde Odeceixe, un sencillo paseo de 12 km cruza la frontera del Alentejo hasta el mirador elevado de la Praia de Odeceixe, en forma de herradura.

Camino Histórico

En el interior, el **Camino Histórico** (263 km), menos transitado, concluye en Sagres, tras cinco tramos que atraviesan campos de alcornoques y aves, y tierras con olor a enebro y vistas lejanas del océano. De Carrapateira a Vila do Bispo hay un interesante paseo, variado y tranquilo de 21,4 km y, si se llega temprano en el autobús nº 22, se puede comer en **Aldeia da Pedralva** (p. 155). Para actividades de interés comunitario, las "jornadas de mantenimiento" (*rotavicentina.com*) invitan a los voluntarios a unirse a los lugareños para limpiar los senderos.

UMOMOS/SHUTTERSTOCK ©

Ciclismo

Aunque la mayoría de los senderos para BTT se encuentran más al norte del parque, en los alrededores de Odemira (Alentejo), algunas secciones del sur son aptas para bicis, como la ruta de grava de dos días entre Zambujeira do Mar, en el Alentejo, y el cabo de San Vicente. Los servicios de asistencia y alquiler pueden solicitarse en línea *(rotavicentina. com).* Para recorridos más cortos, se puede pedalear por el sendero **Pontal da Carrapateira** (p. 153). En la costa sur, la **Ecovia do Litoral** (parte de Euro-Velo1), de 215 km y varios días de duración, conecta el cabo de San Vicente con **Vila Real de Santo António** (p. 68) por senderos rurales, carriles-bici oficiales (algunas marcas están descoloridas) y, en algunos tramos, la carretera principal del interior.

Señalización de senderos

La del Camino Histórico es roja y blanca; la del Sendero de los Pescadores, azul y verde. Hay cuatro tipos de marcas: un igual (seguir), una cruz (camino equivocado) y flechas a izquierda y derecha.

DESDE EL ALENTEJO

Los dos senderos de 13 tramos parten de la región del Alentejo, cerca de Sines (85 km al sur de Lisboa; 2 h en el autobús de Rede Expressos), en São Torpes (Ruta de los Pescadores) o Santiago do Cacém (Camino Histórico).

★ **IMPRESCINDIBLE**

Fortaleza de Sagres y cabo de San Vicente

Naufragios, mitos y leyendas definen Sagres y sus fortalezas del fin del mundo. Desde dos promontorios separados por unos 6 km, al pasar un rato aquí se comprende mejor el poderío marítimo de Portugal y la Era de los Descubrimientos, mientras que la apacible Sagres, es una excelente base para descubrir la Costa Vicentina.

PLANO: P. 144 **B8**

CONSEJO

Un paseo costero de 7 km (¡cuidado con las rachas de vientos!) y un carril-bici señalizado unen las fortalezas. Hay tres autobuses diarios; los horarios de tarde facilitan la visita.

Escanea este código QR para los horarios de la fortaleza de Sagres.

Fortaleza de Sagres

Al acercarse a las formidables murallas reconstruidas y transitables de la **fortaleza de Sagres** *(fortalezadesagres.pt/es/; 3 €),* se imagina el recio sistema defensivo de antaño. Hoy es un promontorio desnudo con algunas estructuras del s. xv que sobrevivieron al terremoto de 1755. Una exposición interactiva sobre la Era de los Descubrimientos explica el contexto histórico a través de cartas náuticas y presentaciones sobre la fortaleza, las carabelas y las rutas comerciales. En el exterior, hay una capilla sellada del s. xvi, la torre de la cisterna y una singular brújula de piedra de 43 m de ancho en el suelo. Senderos (algunos accesibles) y paneles informativos se extienden por el promontorio hacia los pescadores apostados en el acantilado y la laberíntica instalación A Voz do Mar.

Faro de los confines de Europa

Presidiendo el **cabo de San Vicente** (Cabo de São Vicente), azotado por el océano, la **fortaleza do Cabo de São Vicente,** del s. xvi, es el punto más suroccidental de Europa. En el interior del faro, original del s. xviii, hay un pequeño museo que solo abre los miércoles por la tarde en verano (cuando se documentó esta guía estaba cerrado indefinidamente), pero el principal atractivo es el océano sin límites. El cabo debe su nombre a san Vicente

Cabo de San Vicente.
SIMON DANNHAUER/SHUTTERSTOCK ©

Mártir, natural de Huesca, que fue quemado vivo durante las persecuciones contra los cristianos decretadas por Diocleciano. Según la tradición, sus restos fueron enterrados aquí y más tarde trasladados a Lisboa. La cercana **Fortaleza do Beliche** lleva mucho tiempo cerrada debido a la erosión.

Alrededores de Sagres

Sagres es el lugar donde, supuestamente, el príncipe Enrique el Navegante fundó su escuela de navegación, que impulsó las primeras exploraciones atlánticas. Sin embargo, la mayoría de los historiadores coinciden en que las carabelas zarpaban de Lagos, aunque los registros confirman que aquí construyó una especie de centro de estudios, Vila do Infante. La actual y modesta Sagres sigue orientada al océano, con escuelas de surf, subastas de pescado, bares tranquilos y fantásticas playas. La **Praia do Martinhal,** al este, es la mejor para bañarse, pues está más protegida de la *nortada* (viento estival), mientras que la **Praia do Telheiro,** en la parte alta de la costa, es solitaria y de difícil acceso.

DESVÍO A UNA IGLESIA

La entrada combinada incluye la pequeña **Ermida de Nossa Senhora de Guadalupe,** del s. xv, 20 min hacia el interior, aunque la iglesia de Vila do Bispo *(gratis)* tiene más encanto.

 **CIRCUITO EN AUTOMÓVIL**

La Costa Vicentina

La Costa Vicentina se vive mejor despacio, pero si se dispone de poco tiempo, un corto circuito en coche permite apreciar los aspectos históricos del parque, los variados paisajes y las playas. Entre el desayuno y el atardecer se pueden visitar todos los lugares de interés; con más tiempo, es factible llegar hasta algunas costas remotas.

INICIO	FINAL	DURACIÓN
Burgau	Odeceixe	115 km; 1 día

Odeceixe

FINAL

Praia de Vale dos Homens

Rogil

Marmelete

Aljezur

Caldas de Monchique

OCÉANO ATLÁNTICO

Praia da Bordeira

Albufeira de Odeáxere

Bordeira
Carrapateira

Praia do Amado

Barão de São João

Bensafrim

Via do Infante

Mexilhoeira Grande

Odiáxere

Barão de São Miguel

Lagos

Vila do Bispo

Budens

Luz

Parque Natural do Sudoeste Alentejano e Costa Vicentina

Salema

Burgau

INICIO

Huellas de dinosaurio fosilizadas

Praia da Boca do Rio

Cabo de San Vicente

Sagres
Fortaleza de Sagres

❶ Desayuno en la playa

Se empieza en **Burgau,** un pueblo blanco rodeado de acantilados que señala el inicio del Parque Natural do Sudoeste Alentejano e Costa Vicentina. Después del desayuno (**Os Amigos** tiene repostería excelente), se pasea por las callejuelas, admirando los portales de azur tapizados de buganvillas y las vistas al océano.

❷ Huellas fósiles

El corto trayecto a **Salema** permite deleitarse con los verdes paisajes y desviarse brevemente a la **Praia da Boca do Rio,** antiguo puerto romano. Allí se puede remar en aguas cristalinas y observar las **huellas de dinosaurio fosilizadas** cerca de las escaleras occidentales.

❸ Los confines de Europa

De vuelta a la carretera principal, enseguida se llega a **Sagres.** La visita a la **fortaleza de Sagres** dura 1 h aprox. y luego un breve trecho de carretera lleva al **cabo de San Vicente,** un ventoso promontorio y el punto más suroccidental de Europa.

❹ Almuerzo en un pueblo blanco

Al abandonar la costa, se tardan 30 min hacia el interior hasta la **Aldeia da Pedralva,** una típica aldea encalada que en su día estuvo casi abandonada, pero que ha renacido como centro turístico. Se puede comer en el restaurante (*12.00-14.00*).

❺ Desvío paisajístico

Antes del pueblo de Carrapateira, se gira a la izquierda hacia la etérea **Praia do Amado,** arropada por colinas bajas. El **sendero del Pontal da Carrapateira** discurre por pistas de tierra, pasando por las ruinas islámicas y los miradores hasta la **Praia da Bordeira,** rodeada de dunas.

❻ Vestigios moriscos

Se puede conducir hasta el **castillo de Aljezur,** pero es mejor aparcar en el pueblo, cerca del puente y subir a pie por las callejuelas del barrio árabe.

❼ Baños al atardecer

La última playa del Algarve antes de la frontera regional con el Alentejo es la **Praia de Odeceixe,** con espléndidas puestas de sol. Aquí, la Ribeira de Seixe completa su trazado desde la Serra de Monchique, y ofrece un baño tranquilo. Si se dispone de más tiempo, se pueden visitar otras playas, como la **Praia da Amoreira.** Para acabar, se cena en la aldea de **Odeceixe** y, antes de irse, visitar el emblemático molino de viento **Moinho de Odeceixe.**

EXPERIENCIAS

Cabalgar la ola   SURF

La combinación de buenos rompientes de surf y bahías para principiantes convierte la Costa Vicentina en un destino para todos los niveles. Hay muchas escuelas; los precios dependen de las horas de clase, el alquiler de material y el alojamiento. Las clases en grupo rondan los 60 € por día. Sara y Celso dirigen el veterano **Sagres Natura Surf Camp** (PLANO: **1** P. 144 **A2**; *sagresnatura.com*), ideal por sus playas orientadas al oeste y sus bahías meridionales más protegidas, mientras que **Arrifana Surf School** (PLANO: **2** P. 144 **C3**; *arrifanasurfschool.com*) imparte clases en los rompientes de arena de la playa, rodeada de acantilados volcánicos. Entre junio y agosto las aguas tranquilas son adecuadas para principiantes, mientras que de septiembre a noviembre (y todo el invierno) son para surfistas experimentados. El sur de la Praia do Zavial es perfecto para iniciarse y el oeste de la Praia da Bordeira cuenta con dos rompientes constantes. Si se alterna en cualquier chiringuito, en seguida se escuchan consejos de la comunidad local.

Adrenalina en el Atlántico   BUCEO Y COASTERING

Los aventureros no solo disfrutan del surf en la costa oeste: el feroz océano se puede explorar de muchas maneras. **Divers Cape** de Sagres (PLANO: **3** P. 144 **C8**; *diverscape. net; precio variable*) ofrece cursos de certificación PADI e inmersiones, incluido el pecio del *L'Ocean*, hundido en la batalla de Lagos de 1759, cuyo esqueleto y cañones forman hoy un arrecife artificial. El *coastering* entre cuevas y acantilados se practica en las formaciones rocosas y grutas escondidas de Raposeira. Nelson, nacido en Lagos y gran conocedor de la costa, ofrece excursiones en **Coastline Algarve** (PLANO: **4** P. 144 **C7**; *coastlinealgarve. com; desde 55 €/medio día*).

Explorar la costa en barco o kayak   CIRCUITOS

Mar Ilimitado (PLANO: **5** P. 144 **C2**; *marilimitado.com; desde 40 €*), con sede en Sagres, y su equipo

OBSERVACIÓN DE AVES

En invierno y primavera, el canto de las aves migratorias invade la costa oeste, en especial los alrededores de Sagres. Miles de visitantes (y aves marinas) acuden cada octubre al **Festival de Observación de Aves de Sagres,** donde un apretado programa ornitológico de cuatro días (previa reserva) representa el mayor acontecimiento de Portugal centrado en la naturaleza. En el parque se ven buitres leonados, varios ratoneros y águilas imperiales españolas y, más raramente, halcones y águilas pescadoras, que volvieron a anidar aquí en el 2014.

de biólogos marinos y estudiantes hacen las veces de centro de investigación costera y operador turístico, y organizan salidas en barco para observar delfines, aves marinas y la costa del cabo de San Vicente. Las activas excursiones de **South Kayaks** (PLANO: **6** P. 144 C7; *southkayaks.com; desde 30 €*) se alejan de la Praia da Ingrina en busca de cuevas más tranquilas y rocas cubiertas de percebes.

Encontrar la playa perfecta PLAYAS

Desde la poblada bahía del sur de Burgau hasta la cala más salvaje de la costa oeste, las playas de la Costa Vicentina son sublimes. Polvorientas carreteras secundarias de grava conducen a arenales muchas veces vacíos, que recompensan a quienes se toman la molestia de buscarlos. Destacan las solitarias arenas de la verde **Praia do Castelejo** (PLANO: **7** P. 144 B6; si se conduce primero hasta el Miradouro da Cordoama se divisan vastas panorámicas) y el camino por las onduladas dunas de la **Praia da Bordeira** (PLANO: **8** P. 144 C5) hasta la inmensa y remota orilla. La **Praia da Amoreira** (PLANO: **9** P. 144 D2) es ideal para familias, ya que el estuario de arena serpentea tierra adentro y permite remar con tranquilidad y avistar nutrias de río. La playa más septentrional del Algarve, la **Praia de Odeceixe** (PLANO: **10** P. 144 D1), es un espectáculo: el río Seixe rodea la arena antes de desembocar en el océano, y es excelente para el surf de remo; se pueden alquilar tablas en la escuela de surf **Water Element** (véase **10**; *water-element.pt; desde 25 €*). Al doblar el recodo se encuentra la nudista **Praia das Adegas** (PLANO: **11** P. 144 D1).

A vista de pájaro PARAPENTE

Sobrevolar el oleaje y los acantilados tallados por el océano en parapente ofrece las mejores vistas de la costa. El competidor de la Copa del Mundo **Nelson Pacheco** (*flytripalgarve.webnode.pt; desde 100 €*) ofrece vuelos en un parapente biplaza de 10-15 min (y cursos) en los alrededores de la Praia da Cordoama.

Sendero costero de Carrapateira SENDERO

Aunque no forma parte de la Rota Vicentina (curiosamente, la ruta pasa por alto este pintoresco cabo), el **sendero Pontal da Carrapateira** (PLANO: **12** P. 144 C5; *pontaldacarrapateira.com*), un camino circular de 11 km, es una de las mejores rutas culturales y costeras del Algarve. Partiendo del **Museu do Mar e da Terra da Carrapateira** (PLANO: **13** P. 144 C5; *cerrado fin de semana*), un pequeño e instructivo espacio con ventanales que dan al océano, la ruta, bien señalizada, es casi un museo al aire libre. Se puede dedicar medio día a buscar las gigantescas y oxidadas letras de metal que señalan los principales puntos de interés. Destacan

TALLERES CREATIVOS
Desde artesanía antigua hasta conciertos contemporáneos, hay numerosas formas de vivir la cultura de la Costa Vicentina. En los talleres que organiza **Atelier Balancê** (*atelierbalance.net; 1 día, precio y lugar variables*), Ysaline enseña la antigua técnica del tejido de palma (la palmera enana del Algarve es la única especie autóctona europea) y métodos de cestería de reciclaje. Los aficionados a la alfarería tienen clases de modelado tradicional en arcilla en la granja **Burros & Artes** (PLANO: **14** P. 144 **D3**; *burrosartes.com; desde 60 €*).

la Praia da Bordeira, rodeada de dunas, las ruinas de un pueblo pesquero musulmán del s. XII y los pescadores de percebes en las escarpadas rocas junto a la cabaña pesquera de Zimbreirinha, con vistas de la costa. Se trata de un sendero de baja dificultad por la cima del acantilado, mientras que las bicis y los coches (hay aparcamientos ocasionales) pueden seguir el camino de tierra.

Paseo en burro   RESERVA DE FAUNA
Los burros fueron antaño esenciales para el trabajo agrícola en el Algarve, pero hoy, aunque algunos siguen tirando de carros y ayudando a los granjeros, la mayoría de estos nobles animales disfruta de una jubilación merecida retirados en refugios. En **Burros & Artes** a 10 min en coche al noreste de Aljezur, se puede acompañar a estos peludos animales en paseos por los valles (previa reserva). Para conocer la vida rural, **ProactiveTur** (*proactivetur.pt*) organiza experiencias de medio día en una granja de Rogil.

Retroceder en el tiempo   MONUMENTOS PREHISTÓRICOS
En esta tierra vagaron los dinosaurios, los hombres neolíticos erigieron menhires y los romanos establecieron puestos de pesca, cuyos restos aún son visibles. El **Museu de Vila do Bispo** (PLANO: **15** P. 144 **C7**; *museuviladobispo.pt; adultos/niños 5/2,50 €*), ubicado en los graneros reconvertidos del antiguo núcleo panificador del Algarve, es el mejor punto de partida para conocer el contexto histórico. Este moderno espacio, inaugurado en el 2024, presenta los yacimientos prehistóricos de la zona, con piedras megalíticas y artefactos. Después, se conduce hacia la costa para ver el **Menhir do Padrão** (PLANO: **16** P. 144 **C7**) de fácil acceso, y se continúa hacia las **huellas de dinosaurio fosilizadas** del Cretácico Temprano de la Praia da Salema (PLANO: **17** P. 144 **D7**; se ven mejor desde la escalera de madera del extremo occidental) y el asentamiento romano de Boca do Rio, aunque la mayoría de las ruinas solo son visibles bajo el agua.

Monumentos moriscos de Aljezur
MUSEOS Y RUINAS

El legado de los moriscos perdura en Aljezur, cuyo nombre en árabe significa "la isla", en alusión a los ríos que antaño rodeaban esta localidad. Se puede visitar el **Museu Municipal** (PLANO: ❶❽ P.144 D3; *cm-aljezur.pt; 2,20 €, solo laborables*), donde una de las salas se dedica a la Aljezur morisca, y subir luego por las empinadas callejas de casitas encaladas hasta las bien conservadas murallas del **Castelo** (PLANO: ❶❾ P.144 D3) del s. x, que se puede visitar. Un corto trayecto en coche en cualquier dirección conduce a más ruinas árabes al aire libre: los restos de la fortaleza árabe de **Ribat da Atalaia** (PLANO: ❷⓿ P.144 C3) y el **Povoado Islâmico de Pescadores** (PLANO: ❷❶ P.144 C5). En noviembre, la ciudad celebra el **Festival de la Batata** *(festival-batatadoce.cm-aljezur.pt)* en honor al tubérculo que, según la leyenda, constituía la pócima que ayudó a la reconquista cristiana de Aljezur.

Una aldea rural recuperada
PUEBLO

PLANO: ❷❷ P.144 C6

En el interior de Vila do Bispo, la pequeña y encalada **Aldeia da Pedralva** es una de las grandes historias del renacimiento reciente del Algarve. Antaño habitada por un centenar de personas, en el 2006 la población se había reducido a solo nueve. Gracias a una campaña de mecenazgo, se compró la mayoría de las casas abandonadas y, durante la siguiente década, un apasionado equipo se propuso rehabilitar el pueblo. Muchas casas tradicionales con vigas de madera se convirtieron en hoteles con mobiliario restaurado, y la antigua oficina de correos y el horno comunal recuperaron su esplendor original. Aunque no se haga noche, merece la pena detenerse a comer en el **restaurante tradicional** *(12.00-14.00 y 19.00-22.00)*, comprar artesanía en el mercado, pasear por la Rota Vicentina o alquilar una BTT para explorar el interior.

 PERCEBES

Los percebes son los crustáceos más apreciados de la Costa Vicentina. Recogidos a mano por *percebeiros* que desafían el peligro y se enfrentan a aguas bravas al amanecer para arrancarlos de las rocas azotadas por el océano, la tarea es laboriosa y arriesgada, y a menudo les obliga a sumergirse en olas violentas. Por esta razón, los percebes no suelen estar disponibles en invierno, cuando es demasiado peligroso bucear entre las rocas. En junio o septiembre, el **Festival do Perceve de Vila do Bispo** *(cm-viladobispo.pt)* rinde homenaje a los intrépidos pescadores y sus preciadas capturas durante tres días, con demostraciones de métodos de recogida y carpas con festines de marisco (y percebes).

Localizaciones en el plano de la **p. 144**

SUGERENCIAS

Lo mejor para...

€ Económico   **€€** Medio   **€€€** Alto

Comer

Marisco en Sagres

A Sereia **€€**
 23 C8

En lo alto de la lonja, desde cuya ventana se ve la llegada de las capturas y las subastas de la tarde, el marisco es fresquísimo. *8.00-17.00 lu-vi*

Adega dos Arcos **€€**
24 B1

Las colas merecen la pena en este restaurante asador regentado por pescadores, donde se elige el pescado fresco en el mostrador. *12.00-15.00 y 19.00-22.00 ma-sa*

A Tasca **€€**
25 C2

Marisco a la plancha y *cataplanas* con el océano al fondo, e interior decorado con cerámica y paredes de piedra. *12.30-15.00 y 18.30-21.30 ju-ma*

Lugares de moda en Sagres

Three Little Birds **€€**
26 A2

Cervezas artesanales, pan casero, *brunch*, hamburguesas y opciones vegetarianas en un moderno bar con jardín de estilo surfero, con música en vivo en verano. *10.00-23.00 ju-lu*

Bossa Brew House **€€**
 27 B2

Microcervecería con una interesante variedad de cervezas, carta portuguesa e internacional y ocasional música en vivo. *12.00-23.00 lu-sa*

Laundry Lounge **€€**
28 A2

Abierto todo el día, permite lavar la ropa mientras se disfruta de un *brunch,* menú asiático o platos vegetarianos en el moderno interior. *9.00-23.00 ma-do*

Café y dulces en Sagres

Picnic **€**
29 A1

Moderna y pequeña cafetería con café arábica y leche de varios tipos. Pasteles, *bagels* y otros productos para llevar. *amanecer-anochecer*

Alice Gelateria **€**
30 A2

Exquisito chocolate caliente, bollería y helados de calidad lo convierten en el lugar de referencia de la Costa Vicentina para dulces. *10.00-21.00*

Cenas en Burgau y Vale de Bispo

Beach Bar Burgau **€**
31 D7

Con chamizos en la arena, las vistas al mar infinito realzan la carta de marisco y aperitivos. *10.00-17.00 ma-do*

Ribeira do Poço **€€**
32 C7

Platos tradicionales portugueses y marisco, incluidos percebes y una barra de pescado, en un interior de piedra vista en Vale de Bispo. *15.00-22.00 ma-do*

Restaurantes en Carrapateira

Os Amigos da Carrapateira **€**
véase **13**

Un céntrico café local, comunitario y sin pretensiones, con una selección de bollería para el desayuno, tentempiés y económicos platos del día. *9.00-16.00*

Sítio do Forno 😊😊
véase

Almejas y *cataplanas* en un restaurante con cristalera exterior y vistas a los acantilados, cerca de Praia do Amado. *12.00-23.00 ma-do*

Favoritos de Aljezur

Cervejaria Mar 😊😊
 D3

Un rincón de moda de Aljezur, con un reputado arroz de marisco, para darse un festín. *18.00-22.00 ma-do, desde 12.30 sa-do*

O Sargo 😊😊
 C3

La carta de fusión japonesa y las vistas de Praia de Monte Clérigo, lo hacen especial. *12.30-16.00 y 18.00-21.00*

Moagem 😊😊
véase

En Aljezur, este antiguo molino ofrece platos vegetarianos y música en vivo los viernes por la noche. *9.30-16.00 sa-do, hasta 18.00 lu-ju y hasta 2.00 vi*

Favoritos de Odeceixe

Altinho 😊😊
 D1

Acogedor restaurante en un cerro con un personal amable, apetitosos platos para compartir y deliciosos postres. *12.00-14.30 y 19.00-22.00 ju-ma*

Ao Largo 😊😊
 E1

Espaciosos interiores y mesas que dan a la plaza, con una carta saludable y opciones vegetarianas. *8.30-23.00 lu-sa*

Beber

Bares de playa

Castelejo
véase

En lo alto de su playa homónima, las vistas de este bar de temporada acompañan la cerveza fría. *12.00-19.00*

Esplanada do Mar
véase

A pocos pasos de la playa de Odeceixe, este bar de temporada brinda una de las mejores vistas del Algarve, con café o zumo recién exprimido. *9.00-20.00 mi-lu*

Sebastião
 C7

Frente a la bonita Praia da Ingrina, este restaurante de temporada es ideal para una copa por la tarde contemplando a los surfistas. *11.00-20.00*

Música en vivo

Salema Eco Camp
 D7

En verano, el animado *camping* de Salema acoge

fiestas nocturnas y actuaciones de artistas como Raposeira Dub Collective. *Horario variable*

Favo
 C7

Moderno y ameno bar-restaurante en Raposeira de cócteles y cervezas artesanales con bandas en vivo y clases de salsa los miércoles. *17.00-24.00 ma-sa*

Comprar

Cerámica

Ceramica Paraiso
véase

Una tienda de cerámica ineludible, con una amplia gama de vajillas, jarrones y platos de colores. *10.00-18.00 lu-sa*

Mercados

Izzy's Market
 C7

Café y venta de artículos sostenibles y ecológicos, como queso Acayú vegetal de elaboración local. *10.00-17.00 lu-vi*

Mercado Municipal 25 de Abril
 A1

El mercado de Sagres es ideal para abastecerse de productos locales, como las premiadas batatas de Aljezur. *8.00-13.00 lu-sa*

Guía práctica

Praia da Bordeira (p. 153).
ADRIANA O./GETTY IMAGES ©

Viajar en familia

La adoración de la gente del Algarve por los niños es innegable. La lactancia no es un problema, abundan las áreas de juegos y las atracciones infantiles son habituales en las celebraciones culturales nocturnas. Es un destino familiar ideal.

Cómo desplazarse

En los trenes y en los autobuses de Vamus (los cochecitos se guardan bajo los asientos), los menores de 3 años viajan gratis y los de 4-12 pagan la mitad. Las aceras no están preparadas para los cochecitos, pues es habitual aparcar en ellas. Hay muchas pasarelas adaptadas para acceder a la playa y son alternativas seguras a los senderos sin vigilancia de los acantilados.

TIEMPO PARA LOS ADULTOS

Muchos complejos turísticos y algunas atracciones cuentan con clubes infantiles y niñeras. En Quinta do Canhoto (Albufeira) hay clases de pintura mientras los padres recorren el viñedo, y en NoSoloÁgua (Portimão) los adultos se relajan mientras los chavales juegan en los toboganes.

Comer fuera

En general, los restaurantes son acogedores con los niños, aunque los cambiadores y las *cadeiras de bebé* (tronas) no están siempre garantizados. Algunos ofrecen menú infantil y, si no, se puede pedir *meia dose* (media ración). Aquí las noches son más largas y es habitual disfrutar de una copa con los niños en la terraza de un bar.

Atracciones

La mayoría de los parques acuáticos ofrece descuentos por internet o paquetes familiares. Muchos museos son gratuitos para los bebés y, a veces, para los menores de 12 años.

Zoomarine

Este popular parque temático cerca de Albufeira tiene delfines en cautividad; se anima a intentar verlos en libertad.

Playas vigiladas

Muchas playas cuentan con socorristas (jun-sep), señalizados con banderas (p. 165). Las playas del este son, en general, las más tranquilas para los pequeños, sobre todo en la zona protegida de la laguna de las islas de la Ria Formosa.

Alojamiento

Campings, albergues, *quintas* (granjas o casas rurales), hoteles-*boutique* familiares, resorts con todo incluido asequibles e incluso palacios, el Algarve tiene de todo.

Si te gusta...

Restaurantes y playas isleñas

Tavira (p. 55) La puerta de entrada al Algarve oriental cuenta con alojamientos y restaurantes de calidad a buen precio. Una buena base sin coches con un ambiente tranquilo y auténtico.

CUÁNTO CUESTA

Pensión básica
desde 50 €

Hotel-*boutique*
medio **desde 120 €**

Villa o complejo de lujo **desde 300 €**

IMPRESCINDIBLE

Nos encanta...

Quintas de Silves (p. 115) Para una escapada lejos de la costa, se aconseja alojarse en uno de los magníficos hoteles-*boutique* o en las *quintas* rurales de Silves. La histórica ciudad rebosa cultura, bodegas y restaurantes auténticos sin verse abrumada por el turismo. Es un excelente punto de partida para visitar las montañas y el interior, y tiene bellas playas a un corto trayecto en coche, autobús o tren.

Resorts tranquilos cerca de la acción

Galé y Salgados (p. 87) Los complejos turísticos del oeste de Albufeira, en la amplia Praia dos Salgados, son menos ruidosos y ostentosos que los de Oura, y están a solo 10 min en coche del centro.

Calas familiares y pueblos

Carvoeiro y Ferragudo (p. 101) Los dos pueblos costeros de Lagoa poseen numerosos alojamientos con cocina, vida nocturna tranquila, playas protegidas y actividades para niños.

Playas, ocio nocturno y ambiente variado

Lagos (p. 129) Popular todo el año por sus restaurantes, bares y alojamientos, con abundantes actividades y eventos. Una apuesta segura si se dispone de poco tiempo para organizar el viaje.

Surf, puestas de sol, silencio y retiros

Costa Vicentina (p. 143) Sagres atrae a familias, parejas y surfistas por su ambiente reposado y sus restaurantes accesibles. Pedralva o una estancia en una granja es ideal para disfrutar de serenidad rural.

Comida, bebida y fiesta

Alergias e intolerancias

Por ley, los establecimientos deben facilitar los datos sobre alérgenos de todos los platos, pero a veces se trata de una lista aparte, sin traducir. Conviene confirmar siempre si es una *alergia* o una *intolerância*. En portugués, *en* no significa "en", por lo que *no pão* significa "con pan", no "sin pan".

CÓMO SE DICE...

Soy alérgico a...	*Faço alergia a...*
frutos secos	*frutos secos*
cacahuetes	*amendoim*
marisco	*marisco*
lácteos	*lacticínios*
gluten	*gluten*

CÓMO PEDIR...

¿Esto es sin gluten?
Isto é sem gluten?
¿Contiene frutos secos?
Isto contém frutos secos?
¿Hay alguna opción vegana?
Há alguma alternativa vegan?

——— CUBIERTO ———

En los restaurantes, los camareros sirven pan, aceitunas, patés y *cenoura à algarvia* (zanahorias aliñadas). Es un aperitivo típico que no se solicita, ni es gratuito. El precio se debe indicar desglosado (un par de euros por persona aprox.) y se puede rechazar.

Dónde y cuándo comer

Pequeno-almoço (7.00-10.00) El desayuno suele ser una tosta o bollería.

Almoço (12.00-15.00) El almuerzo puede ser ligero en un bar-cafetería o un *menu do dia* en un restaurante.

Jantar (19.00-22.00) La cena es relajada. Se puede elegir un restaurante, una *tasca*, una *marisqueira* o una *churrasqueira*.

Pagar la cuenta

La cuenta se pide diciendo *"A conta, por favor";* en general, no la llevan hasta que se pide. En algunos cafés, se pide y se paga en el mostrador (o en una máquina).
El reparto de la cuenta suele ser equitativo. Si se paga con *dinheiro* (efectivo) en lugar de con *cartão* (tarjeta), conviene tener billetes pequeños. Los grupos pueden pagar *tudo junto* o *separado*.
Las propinas no son obligatorias, ni se añaden automáticamente. Algunos restaurantes solo las aceptan en efectivo; para que el camarero se quede con el cambio, se dice: *"Fique com o troco".*

RANGO DE PRECIOS

Los siguientes precios se refieren al coste medio de un plato principal.
€ menos de 12 €
€€ entre 12-25 €
€€€ más de 25 €

HORARIOS

Pastelarias (pastelerías/cafés) y **padarias** (panaderías) 7.30-17.00
Bares 8.00-22.00
Restaurantes 12.00-15.00 y 18.00-22.00 (la mayoría cierra 1-2 días por semana)

 Salir de fiesta
Una copa al atardecer es el inicio de muchas veladas, ya sea en una coctelería frente al océano o con una botella de vino en la arena (beber en público está permitido).

Abundan los **bares,** desde *pubs* irlandeses a modernos bares de cócteles y vinos o asociaciones culturales con música en vivo. Los bares de copas son también locales nocturnos de ambiente tranquilo, ideales para una cerveza con *petiscos* (tapas). Los bares cierran de madrugada (2.00-4.00), así que no hace falta ir a una discoteca para una copa tardía.

Las **discotecas** no se llenan hasta medianoche y la fiesta dura hasta las 4.00. Las normas de vestir son relajadas; algunos locales grandes cobran entrada. Los principales destinos nocturnos son Praia da Rocha (más portugués) y Albufeira (más internacional). Algunas discotecas populares como LICK (solo en temporada), están fuera de la ciudad. En verano, las fiestas en la playa e incluso las *raves* en bodegas son alternativas de ocio nocturno.

CUÁNTO CUESTA

'Bica' (café exprés) 0,85-1 €

Copa de vino 2-5 €

Imperial/caneca (cerveza pequeña/grande) 2/4 €

'Tosta mista' (tostada de jamón y queso) 3 €

Pastel de nata a partir de 1,50 €

Pollo piri-piri (medio) 7,50-10 €

'Peixe grelhado' (pescado a la parrilla) desde 15 €

'Cataplana' de marisco (para dos) 45 €

Comunidad LGTBIQ+

Aunque el Algarve no cuenta con muchos lugares específicos para el colectivo LGTBIQ+, es acogedor y tolerante, sobre todo en la costa más internacional.

Espacios de acogida

Las ciudades más grandes, como Albufeira, Faro y Portimão, cuentan con locales LGTBIQ+ y también hay espacios *queer* no oficiales.

Faro Los viernes y sábados por la noche, el Prestige Dance Club abre hasta las 4.00 con espectáculos de *drags*, DJ y un público local e internacional.

Albufeira La noche comienza en Connection, un relajado bar gay con terraza en la primera planta, antes de dirigirse a The Forest para bailar *drag* o bailar hasta tarde. Dark by Nude es un local de cancaneo.

Portimão The Loft celebra fiestas nocturnas (a veces, temáticas) los viernes y sábados. También abren los martes, pero es más tranquilo.

Playas nudistas Adegas en Odeceixe, Homen Nu en Tavira y el extremo occidental de Ilha Deserta son playas nudistas oficiales.

Alojamiento

Una petición de cama doble rara vez causa sorpresa, pero los anfitriones de zonas más tradicionales suelen confirmar la solicitud una o dos veces. Entre los hoteles gais se cuentan Casa Risa House & Spa *(casarisa. com)*, cerca de Alvor, que también ofrece masajes y pases para la piscina, y Lua Nua *(luanua.pt)*, al otro lado de la frontera alentejana de la Costa Vicentina.

ORGULLO

Faro acoge el principal desfile del Orgullo de la región en junio desde hace 5 años *(instagram.com/marchalgbtqialgarve)*. En Lagos *(pridelagos.org)* se celebra un segundo evento menor en septiembre.

EVENTOS

East Algarve Rainbow Club organiza ocasionales eventos LGTBIQ+, incluidos *drag* y encuentros, que se publican en el grupo GALAPT de Facebook.

Recursos

- **ILGA Portugal Association** *(ilga-portugal.pt)* Principal asociación LGTBIQ+ de Portugal, en Lisboa.
- **Proudly Portugal** *(proudlyportugal.pt)* Plataforma LGTBIQ+ de la Oficina de Turismo.
- **Rede Ex Aequo** *(rea.pt)* Principal grupo de apoyo para jóvenes LGTBIQ+ de 16-30 años.

Salud y seguridad

El bajo índice de delincuencia explica que la preocupación por la seguridad se centre en los elementos: quemaduras solares, incendios y erosión oceánica.

INCENDIOS FORESTALES

Portugal es muy propensa a los incendios forestales, sobre todo en la Serra de Monchique. Hay que extremar las precauciones con cigarrillos y barbacoas. Si se va de excursión, conviene consultar los informes de riesgo en *fogos.pt* o *ipma.pt* y llevar mucha agua.

## Hospitales y asistencia sanitaria

El Servicio Nacional de Salud portugués se complementa con clínicas privadas (bilingües). Los centros de salud locales *(centro de saúde)* gestionan las recetas y las visitas no urgentes, a menudo con largas esperas; hay que llamar al 808 242 424 para ayuda y derivaciones no urgentes las 24 h todos los días. Hay urgencias (112) en Faro, Portimão y Lagos. Se recomienda tener un seguro médico completo y tarjetas sanitarias recíprocas, como TSE o GHIC. Las farmacias no dispensan los medicamentos, se localizan en *farmaciasdeservico.net* (distrito de Faro).

Robos

Aunque no son frecuentes, se cometen robos de carteras y de coches. La PSP, la GNR o la policía municipal facilitan datos sobre la delincuencia.

Playas y acantilados

Hay que prestar atención a las zonas peligrosas. Al caminar por acantilados, se recomienda alejarse del borde; la erosión supone un peligro, y las fuertes rachas y los deslizamientos se cobran vidas cada año. La vigilancia en las playas opera de jun-sep. Las carabelas portuguesas (medusas) son escasas.

— BANDERAS DE PLAYA —

Las banderas de temporada del equipo de socorrismo indican el estado del mar: **verde,** seguro para bañarse; **amarillo,** chapotear cerca de la orilla; **rojo,** peligro/no bañarse; **a cuadros,** temporalmente sin vigilancia; **azul/morado,** fauna marina peligrosa avistada.

A TENER EN CUENTA

Agua del grifo
El agua de la red es potable; algunas viviendas tienen pozos.

Límite de alcoholemia en carretera
0,5 g/l (0,2 g/l para conductores con carné inferior a tres años).

Mosquitos
Hay que llevar repelente.

Turismo responsable

En el 2023, el Algarve acogió a más de diez veces su población. He aquí formas de ayudar, y no agravar, los problemas locales.

Protección de la cultura

En los últimos años, el lince ibérico y el águila pescadora se han reintroducido con éxito en el Algarve, todo un triunfo para la conservación. Con una economía muy dependiente del turismo, la protección de la cultura requiere la misma atención. Se puede contribuir a mantener vivas las tradiciones consumiendo **repostería y dulces tradicionales** (p. 124; la aplicación *toogoodtogo.com* permite probar un lote inesperado al final del día), apuntándose a un taller de técnicas ancestrales con **Loulé Criativo** (p. 76) o asistiendo a festivales folclóricos.

Sequía

El estado de sequía del Algarve es grave y no solo en verano. Una campaña del 2024 pide a los viajeros que reduzcan la colada, tomen duchas cortas en lugar de baños y no llenen demasiado las piscinas.

DESDE LA IZDA.: FRANK MCCLINTOCK/ SHUTTERSTOCK ©, JULIA-ART/SHUTTERSTOCK ©

IMPRESCINDIBLE

Voluntariado

Se puede participar activamente en una excursión de mantenimiento de la **Rota Vicentina** (*rotavicentina.com*). La limpieza de playas y otros proyectos se suelen publicar en *portugalresident. com*.

Conservación del litoral

Según la Agencia Europea de Medio Ambiente, Faro tuvo el tercer aire más limpio de Europa en el 2024, solo superada por dos ciudades nórdicas. Sin embargo, en verano, las constantes lanchas motoras y las carreteras congestionadas son la norma. Optar por el ciclismo, el kayak o el buceo en **cuevas marinas menos transitadas** ayuda a reducir la contaminación y a proteger los ecosistemas marinos. En caso de realizar una excursión en barco, conviene escoger un proyecto de investigación dirigido por **biólogos marinos.**

Recursos

● **natural.pt** Detalle de las zonas y parques protegidos ● **proactivetur.pt** Operador ecoturístico del Algarve ● **quercus.pt** ONG de cuestiones medioambientales.

RECICLAJE Y REDUCCIÓN

Se puede depositar el reciclaje en las numerosas estaciones EcoPonto.
El negro es para la basura general, el verde para el vidrio, el azul para el papel
y el amarillo para plástico y metal. Se amplían las opciones sin envases,
como en **Izzy's Market,** e incluso en los supermercados.

Estacionalidad y dispersión

Aunque ha mejorado, la estacionalidad ha sido durante mucho tiempo un problema para los trabajadores del Algarve en términos de contratos, ingresos y vivienda. Planificar una escapada invernal al sol o senderismo en primavera favorece la creación de empleo durante todo el año, a la vez que se ahorra dinero. El fuerte aumento de los precios en verano ha hecho que muchos portugueses que veraneaban en familia en el Algarve, se hayan quedado sin alojamiento.

Se debe comprobar que el alojamiento con cocina está debidamente autorizado –con un número de AL *(Alojamiento Local)*– para combatir la oferta de alojamiento ilegal, y alojarse en zonas menos visitadas o despobladas, como el Algarve oriental (p. 55) o los pueblos del interior.

CARAVANAS Y 'CAMPING'

Estacionar y acampar está prohibido en parques naturales y en la mayoría de las zonas costeras.

Escanea este código QR para las áreas de servicio oficiales y las de estacionamiento autorizado.

El cambio climático y los viajes

Es imposible ignorar el impacto de nuestros viajes y la importancia de hacer cambios. Lonely Planet anima a todos los viajeros a involucrarse en su huella de carbono. Muchas webs de líneas aéreas y sitios de reservas ofrecen la opción de compensar el impacto de los gases de efecto invernadero realizando donaciones para iniciativas respetuosas con el clima en todo el mundo.

La **calculadora de la huella de carbono de la ONU** muestra cómo afecta volar a las emisiones de un hogar.

La **calculadora de emisiones de carbono de la OACI** permite analizar el CO_2 generado por los viajes de un punto a otro.

Accesibilidad

Playas

Unas 45 playas del Algarve se consideran accesibles. En teoría, la bandera de *praia acessível* debe ondear cerca de la entrada, y se garantizan rampa de acceso y pasarela. Algunas playas también cuentan con aseos adaptados o sillas de ruedas anfibias disponibles en los puestos de socorrismo en temporada. Véanse las instalaciones en *visitalgarve.pt*.

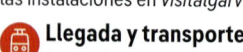

Llegada y transporte

Se puede reservar la asistencia aeroportuaria MyWay 48 h antes con la compañía aérea. NGTours (*ngtours.com.pt*) ofrece traslados accesibles; los taxis adaptados son limitados. En el Algarve, el SIM (Servicio Integrado de Mobilidad) de los trenes CP solo se ofrece en los trenes Alfa Pendular con destino a Lisboa (en Faro y Tunes); en las principales estaciones con personal se ofrece otro tipo de asistencia a la movilidad, que debe avisarse con una antelación mínima de 6 h. A diferencia del transporte público regional, las redes de autobuses urbanos disponen de rampas y alertas acústicas de aproximación.

IMPRESCINDIBLE

Portimão (p. 101) es líder regional en accesibilidad desde el 2010, cuando introdujo la Rota Acessível de 6 km, que constituye la base del **circuito a pie** que ofrece (p. 106).

El **Museu de Portimão** cuenta con rampas, ascensores, suelos táctiles y una audioguía multimedia (a través de una app o un dispositivo que se facilita), incluida una experiencia de realidad virtual para "visitar" las cisternas inaccesibles. Los autobuses urbanos accesibles llevan al puerto deportivo y a las playas con pasarelas, algunas con sillas de ruedas anfibias en temporada.

CALLES

La mayoría de las aceras son bastante planas, pero a menudo son estrechas o con coches aparcados. Algunos bordillos están rebajados; el pavimento táctil es limitado. Hay recorridos a pie accesibles (Faro, Lagos y Tavira) en *visitportugal.com*.

PASARELAS

Una red cada vez mayor de *passadiços* (pasarelas), incluidos los de **Alvor, Carvoeiro, Faro, Lagos** y algunas playas, ofrece acceso (en su mayoría) sin escalones para observar aves, miradores y costas.

Recursos

● **TUR4all** (*tur4all.com*) Dispone de una amplia base de datos colaborativa de lugares de interés, con informes de accesibilidad y fotos, en varios idiomas.

Lo esencial

Horario comercial

Hay variaciones entre ciudades y pueblos, y según la temporada; en invierno, son habituales los cierres/horarios reducidos sin previo aviso.

Bancos/oficinas de correos 8.30-15.00 lu-vi

Bares 17.00-2.00/4.00

Discotecas 22.00-4.00 ju-sa

Mercados 7.00-14.00 lu-vi

Museos 10.00-13.00 y 14.00-18.00 ma-vi; fines de semana y lu variable

Restaurantes 12.00-15.00 y 18.00-22.00

Supermercados/centros comerciales 9.00-22.00

Tiendas 10.00-20.00 lu-sa, 10.00-14.00 do

Drogas

En el 2001, Portugal despenalizó el consumo y la posesión de drogas, convirtiéndolas en un problema de salud y no en un delito. Sin embargo, la venta de drogas, incluida la marihuana, es ilegal. Aunque los vendedores ambulantes (que suelen vender productos adulterados o directamente fraudulentos) son poco frecuentes, pueden ser agresivos si se les confronta; se recomienda ignorarlos y pasar de largo.

A TENER EN CUENTA

Hora local GMT/UTC (+1 en verano)

Código de país +351

Emergencias 112

Población
484 122 habitantes (El Algarve); 10,6 millones (Portugal)

ELECTRICIDAD
230V/50Hz

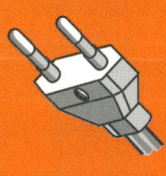

Fiestas oficiales

Los *feriados* (festivos), los bancos y los servicios públicos cierran, y el transporte público es muy limitado.

Dia de Ano Novo (Año Nuevo) 1 de enero

Páscoa (Pascua) Marzo/abril; Viernes Santo y Domingo de Resurrección

Dia da Liberdade (Día de la Libertad) 25 de abril

Dia do Trabalhador (Día del Trabajo) 1 de mayo

Dia de Portugal 10 de junio

Assunção de Nossa Senhora (Asunción) 15 de agosto

Implantação da República (Día de la República) 5 de octubre

Dia de Todos os Santos (Todos los Santos) 1 de noviembre

Restauração da Independência (Día de la Restauración de la Independencia) 1 de diciembre

Dia de Natal (Navidad) 25 de diciembre

Idioma

Lo básico

Hola.
Olá. *o·la*

Adiós.
Adeus. *a·de·ush*

Por favor.
Por favor.
pur fa·vor

Gracias.
Obrigado. *(m)*
o·bri·ga·du
Obrigada. *(f)*
o·bri·ga·da

Disculpe.
Faz favor.
fash fa·vor

Perdón.
Desculpe.
desh·kul·pe

Sí./No.
Sim./Não.
si^n/nau^n

Frases útiles

¿Habla español?
Fala espanhol? *fa·la sh·pa·ñol*

No comprendo.
Não entendo. *nau^n e^n·te^n·du*

Un café.
Um café. *u^n ka·fe*

Dos cervezas.
Dois cervejas. *doish ser·ve·jhas*

Una mesa para dos.
Uma mesa para duas pessoas.
u·ma me·za pa·ra doish pe·so·ash

La cuenta, por favor.
A conta, por favor. *a ko^n·ta pur fa·vor*

¿Cuánto cuesta?
Quanto custa? *kua^n·tu kush·ta*

Soy vegetariano/vegetariana.
Eu sou vegetariano/vegetariana. *(m/f)*
e·u sou ve·jhe·ta·ri·a·un/ve·jhe·ta·ri·a·na

¿Dónde está...?
Onde é...? *o^n·de e ...*

¿Dónde está el aseo?
Onde é a casa de banho?
o^n·de e a ka·za de ba·ñu

Solo estoy mirando.
Estou só a ver. *shtou so a ver*

Números

um
un

dois
doish

três
tresh

quatro
kua·tru

cinco
sin·ku

Información útil

La pronunciación portuguesa no es difícil, ya que muchos sonidos coinciden con los del español, sobre todo los de las consonantes. La mayor excepción son las vocales nasales, pronunciadas como si se intentara emitir el sonido con la nariz. Para un acercamiento más profundo al idioma y a las expresiones más útiles, se recomienda adquirir la guía de conversación *Portugués para el viajero* de Lonely Planet. En *lonelyplanet.es/tienda/guias/para-conversar* se encontrarán guías de conversación.

HORA

¿Qué hora es?
Que horas são?
ki o·rash sau^n

Son las (10) en punto.
São (dez) horas.
sau^n (desh) o·rash

Las (10) y media.
(Dez) e meia.
(desh) i mei·a

Emergencias

Socorro!
¡Socorro!

Chame um médico!
¡Llame a un médico!

Chame a polícia!
¡Llame a la policía!

Estou doente.
Estoy enfermo.

Estou perdido/a.
Estoy perdido/a.

Transporte e indicaciones

¿Cuál es la dirección?
Qual é o endereço? *kual e u e^n·de·re·su*

¿Puede enseñármelo (en el mapa)?
Pode-me mostrar (no mapa)?
po·de·me mush·trar (un ma·pa)

¿Cuándo sale el próximo autobús?
Quando é que sai o próximo autocarro?
kua^n·du e ke sai u pro·si·mu au·to·ka·ju

Querría ir a...
Queria ir a... *ke·ri·a ir a...*

¿Para en...?
Pára em...? *pa·ra e^n...*

Por favor, pare aquí.
Por favor, pare aqui. *pur fa·vor pa·re a·ki*

6
seis
seish

7
sete
se·te

8
oito
oi·tu

9
nove
no·ve

10
dez
desh

Índice

Puntos de interés p. 000
Págs. de los planos **p. 000**

Véase también los subíndices:
 Comer p. 174
Beber p. 175
Comprar p. 175

Comer

20age 98

A

A Carpintaria 66

La opinión del lector

Nos encanta escuchar a los viajeros, ya que con sus comentarios nos ayudan a mejorar nuestros libros. Podéis escribirnos a lonelyplanet.com/contact; leemos todos los mensajes y garantizamos que estos lleguen a los autores.

Nota: Es posible que algunos fragmentos de estos mensajes aparezcan en nuevas ediciones de las guías Lonely Planet, en la web o en productos digitales. Si preferís que vuestro contenido o nombre no sean publicados, por favor, indicadlo claramente. Para obtener una copia de nuestra política de privacidad, podéis visitar lonelyplanet.com/legal.

geoPlaneta
Av. Diagonal 662-664, 08034 Barcelona
www.geoplaneta.com – www.lonelyplanet.es

Lonely Planet Global Limited
Lonely Planet Global Limited, Digital Depot,
The Digital Hub, Dublín D08 TCV4, Irlanda
www.lonelyplanet.com
Contacta con Lonely Planet en: lonelyplanet.com/contact

Aunque Lonely Planet, geoPlaneta y sus autores y traductores procuran que la información sea lo más precisa posible, no garantizan la exactitud de los contenidos de este libro, ni aceptan responsabilidad por pérdida, daño físico o contratiempo que pudiera sufrir cualquier persona que lo utilice.

Algarve de cerca
3ª edición en español – julio del 2025
Traducción de *Pocket Algarve*, 3ª edición – marzo del 2025
© Lonely Planet Global Limited
1ª edición en español – febrero del 2016

Editorial Planeta, S.A.
Av. Diagonal 662-664, 7°. 08034 Barcelona (España)
Con la autorización para la edición en español de Lonely Planet Global Limited, Digital Depot, The Digital Hub, Dublín, D08 TCV4, Irlanda

© Textos y mapas: Lonely Planet, 2025
© Fotografías: según se relaciona en cada imagen, 2025
© Edición en español: Editorial Planeta, S.A., 2025
© Traducción del texto: Blanca Ribera de Madariaga, 2025

ISBN: 978-84-08-30062-5
Depósito legal: B. 158-2025
Impresión y encuadernación: Unigraf
Printed in Spain – Impreso en España